A Smolny Album

Альбом смолянки

The coat of arms of the Russian Empire is shown on the preceding page; beneath are the Cyrillic initials of the Imperial Educational Society of Noble Maidens. The Smolny album has this emblem and initials imprinted in gold leaf on its teal blue cover.

Герб Российской империи и аббревиатура Императорского Воспитательного Общества Благородных Девиц — эмблема, которой украшен альбом: золотое тиснение на бирюзовом фоне.

A Smolny Album

Glimpses into Life at the Imperial Educational Society of Noble Maidens

Edited by Nancy Kovaleff Baker

———•———

Альбом смолянки

Из жизни Императорского воспитательного общества благородных девиц

Редактор — Нэнси Ковалева Бейкер

Boston—Бостон

2019

Library of Congress Cataloging-in-Publication Data

Names: Liarsky, Alexander, author. | Baker, Nancy Kovaleff, 1948 - editor.

Title: A Smolny album : glimpses into life at the Imperial Educational
  Society of Noble Maidens / edited by Nancy Kovaleff Baker.

Description: Brighton, MA : Academic Studies Press, 2018. | Parallel text in English and Russian.

Identifiers: LCCN 2018036400 (print) | LCCN 2018047846 (ebook) | ISBN 9781618118936 (ebook) |
  ISBN 9781618118929 (hardcover)

Subjects: LCSH: Imperatorskoe vospitatel'noe obshchestvo blagorodnykh devits (Saint Petersburg, Russia)—History. |
  Imperatorskoe vospitatel'noe obshchestvo blagorodnykh devits (Saint Petersburg, Russia)—History—Pictorial works. |
  Women—Education—Russia—St. Petersburg—History. | Women—Education—Russia—St. Petersburg—History—
  Pictorial works.

Classification: LCC LF4437.S255 (ebook) | LCC LF4437.S255 L53 2018 (print) | DDC 371.8220947/21—dc23

LC record available at https://lccn.loc.gov/2018036400

© Academic Studies Press, 2019

ISBN 978-1-61811-892-9 (paperback)
ISBN 978-1-61811-893-6 (electronic)

Cover design by Ivan Grave

Published by Academic Studies Press
28 Montfern Avenue Brighton, MA 02135, USA
P: (617)782-6290 F: (857)241-8936

press@academicstudiespress.com
www.academicstudiespress.com

To our father,

Michael Oleg Kovaleff, M.D.,
our family and forebears,

with respect and love,
Nancy Kovaleff Baker
Theodore Philip Kovaleff

Нашему отцу, **доктору медицины**

Майклу Олегу Ковалеву,
нашей семье и предкам,

с уважением и любовью,
Нэнси Ковалева Бейкер
Теодор Филип Ковалев

Contents

Preface   1
Nancy Kovaleff Baker

The Smolny Institute   17
Alexander Liarsky
Translated by Karen L. Freund
and Katherine T. O'Connor

An Album of The Imperial Educational   81
Society of Noble Maidens
Commentary by Alexander Liarsky
Translated by Karen L. Freund
and Katherine T. O'Connor

Содержание

Предисловие   10
Нэнси Ковалева Бейкер
Перевод — Карен Л. Фройнд,
Екатерина Бабурина

Смольный Институт   48
Александр Лярский

Альбом Императорского   81
воспитательного общества
благородных девиц
Комментарий — Александр Лярский

Preface

Family history and acknowledgments

Nancy Kovaleff Baker

I always loved to go through antique items and old photographs whenever I visited my parents in their New York City apartment. Therefore I was delighted when one evening my father said "Come here, Honey, I want to show you a historical album." The volume had a teal blue, hardcover binding with a flowered fabric covering, now faded with time.

We then viewed a series of beautiful photographs of grand buildings and lovely rooms, a great variety of classes, seemingly well-behaved and demure young ladies, and extremely serious administrators and teachers. This was the school attended by both his mother Olga and her sister Maria in the late nineteenth and early twentieth centuries. This was the Smolny Institute, the Imperial Educational Society of Noble Maidens, in St. Petersburg, Russia. I was impressed that in this female educational institution were classes in geography and physics, in addition to history, French, music, and needlework. The Smolny was no mere finishing school! My father, Dr. Michael Oleg Kovaleff, provided translations of the captions of the photographs, and he gave the album to me. I kept it safely, but did not think much about it because my life was busy with a family and a career.

Decades later in the early twenty-first century, my husband and I went to Russia and tried to trace some of my ancestors' steps. We visited Gatchina, a suburb of St. Petersburg, where many of them had lived, held positions at the palace, and served in the military. The Church of Sergius of Radonezh, where my paternal grandparents had been married, had been burnt down, the army headquarters were demolished, the streets now lined with apartment complexes. In St. Petersburg, we visited the building of the former Smolny Institute. There as well, time had taken its toll, but its transformations encapsulated a tumultuous century of Russian history.

Our guide had made an appointment for us to visit the Smolny State Historical and Memorial Museum. Since the building now also houses the government and administration of St. Petersburg, at the entrance we were vetted and ushered through high-level security gates. We were then trailed by two guards, probably former KGB agents, who followed our every move. We could ignore this excess observation as our only intent was to see the Museum and the rooms of the former Institute. The Museum consisted of about two or three small rooms, with glass exhibition cases and minimal furniture from the nineteenth and early twentieth centuries. Pictures from the album were on display, as well as other interesting items. We had an enjoyable, if somewhat halting, conversation with the Director of the Museum, through our guide and interpreter. The Director said the album was extremely rare: in addition to the Museum's copy, there was an album in the Historical Archives of St. Petersburg, in a few Russian libraries, and one in California. The turmoil of the early twentieth century and the passage of time had destroyed much of the culture, education and artifacts associated with Tsarist Russia.

My grandmother and great aunt were from a large family, headed by Leopold Antonovich Imshenik-Kondratovich (1824–1896). A military man, he ascended the ranks from Sub-Lieutenant, to Lieutenant, Staff Captain, Captain, Lieutenant Colonel, and finally Colonel. It is known that he was the Commander of the 2nd battery, 23rd Artillery Brigade. He retired on October 16, 1894, having served the Imperial Army for 42 years. With his retirement, came a promotion to the rank of Major-General, such a promotion a frequently used incentive. Unfortunately he died less than two years later, leaving his wife Natalia Ivanovna Imshenik-Kondratovich (1853/4 to 1939 or after) as the sole support of a family of eight. She was, however, a strong woman, persistent in securing education and funds for her family, and apparently long-lived.

A document issued in 1896 by the Gatchina City Police to strengthen the candidacy of her two young daughters at the Smolny lists the children and their ages (which differ slightly in other documents): her eldest son Vladimir, 23, a scribe in the Gatchina Palace administration, who contributed a little towards the family expenses; Konstantin, 22, an Ensign in the 103rd Petrozavodsk infantry regiment; Evgenia, 20, soon living in Odessa, then St. Petersburg, and probably married; Nikolai, 18, an employee at the Saint Petersburg station of the Warsaw railway, who also contributed towards expenses; Alexander, 14, being trained in the second Cadet Corps; the candidates Olga, 8 and Maria, 7; and Boris, 3.[I] Except for Evgenia, most of these children lived at home, and the family budget was tight.

Natalia lived on a pension of 168 rubles per month, based upon her late husband's service; any income derived from her property went towards paying off an 8,000 ruble loan with interest. Small wonder that Natalia petitioned the Smolny Institute to accept her two younger daughters as government-expense boarders, in recognition of Leopold Antonovich's long and unblemished service.[II] Fortunately her petition was granted.

According to Leopold's will, Natalia was guaranteed a lifetime residence in her house on 21/6 Mariinskaia Street in Gatchina. This was a prestigious address, close to the Gatchina Palace, where Emperor Alexander had lived until his death in 1894, and it was also close to St. Petersburg and a still more sumptuous imperial residence. The house is described in the article "Mariinskaia Street of Old Gatchina":

Natalia Ivanovna Imshenik-Kondratovich, 1939

Наталия Ивановна Имшеник-Кондратович, 1939 г.

House No. 21/6 (on the corner with No. 6 Kirochnaia Street) is the Imshenik-Kondratovich house. A large wooden one-story house, with an attractive semi-circular Italianate dormer window in the mansard roof, it stood directly on the edge of the street. It was situated not at the corner, but more towards Ingeburg (7th Army) Street. An outbuilding stood on the corner. A one-story wooden outbuilding with a mansard roof, which also belonged to the Imsheniks, was located at the back of the property, at the address 6 Kirochnaia (Gagarin) Street. In the early 1890s the house belonged to Gatchina Palace administration employee Vladimir Leopoldovich Imshenik-Kondratovich. The house and outbuilding were taken down in the 1970s and apartment complexes were built on the site.

The beautiful garden suffered as a result. But by some miracle a huge old oak tree survived and is still standing there to this day, literally 3 meters from the entrance to the building on Mariinskaia Street. One of the larch trees that used to grow on the Kirochnaia Street side of the property has also been preserved. It can be seen on the children's playground in front of the apartment block on the even side of Gagarin Street.[III]

(left to right) Maria Leopoldovna and Olga Leopoldovna Imshenik-Kondratovich, 1900

(слева направо) Мария Леопольдовна и Ольга Леопольдовна Имшеник-Кондратович, 1900 г.

My grandmother Olga (1888–1963) passed the entrance examination and was admitted to the Institute; she began her studies on September 2, 1898, with full tuition, room and board. There was one less dependent at home, and the next year, with the acceptance of her sister Maria (1889–1973), two. The girls were each

Olga, c. 1902

Ольга, около 1902 г.

(left to right)
Maria and Olga,
c. 1905

(слева направо)
Мария и Ольга,
около 1905 г.

given a portion of their father's pension, and, upon their enrollment, these funds were held by the Institute. No one could withdraw any monies from their accounts without permission of the Institute. The Smolny archives contain numerous petitions by Natalia to the Institute for additional funds from her daughters' stipends; she indulged in typical sycophantic flattery and even occasionally altered the facts. Olga graduated on May 25, 1905, Maria on May 26, 1907; no explanation has been found that explains the difference of one year at entry and two years at graduation. After graduation, Olga married Mikhail Ivanovich Kovalev (1882–1961) on November 8, 1906 in the Church of Sergius of Radonezh of the 23rd Artillery Brigade in Gatchina, and had a son, Mikhail Mikhailovich Kovalev, later known as Michael Oleg Kovaleff (1913–1996).

My father told me that his mother had received the album as an award for academic excellence. Both Olga and Maria performed very well at the Smolny, garnering many "Excellent" and "Very Good" evaluations. Although it appears that Olga had higher evaluations on average, records show that it was Maria who was honored by the prize of a book at graduation.[IV] There were four classes of awards presented at graduation. First place was a brooch featuring the golden monogram of the Empress; second place was a gold medal; third place, a silver medal; and fourth place a book. I believe that Maria's book award might have been the album. Whether because of the blurring of time, filial respect, or confusion over the past, my father credited his

Olga Leopoldovna and Mikhail Ivanovich Kovalev embracing a tree inscribed with their first initials, O and M, c. 1905

Ольга Леопольдовна и Михаил Иванович Ковалевы обнимают дерево, на котором высечены их инициалы «О» и «М», около 1905 г.

mother, rather than his aunt, with having received this honor. However, the album could also have been presented to some or all the graduates of 1905, the year of its probable compilation, and thus have been given to his mother. See the Commentary below for Alexander Liarsky's hypotheses.

Maria, c. 1906

Мария, около 1906 г.

Maria, c. 1907

Мария, около 1907 г.

The February Revolution of 1917 began the transformation of Russian society—and of the Smolny. That summer, the Petrograd Soviet of Workers and Soldiers' Deputies took over part of the Institute building by order of the Russian Provisional Government. Subsequently it served as the headquarters of the October (Bolshevik) Revolution, and then the seat of the new Soviet government, led by Lenin. The Smolny figured prominently in Leningrad's (St. Petersburg's) defense against the Germans in World War II (the Great Patriotic War). And today, the Smolny houses the administrative offices of the government of St. Petersburg. It is also the place where Putin began his ascent to power.

One of the prominent leaders in the initial revolutionary government was Alexander Kerensky (1881–1970). My paternal grandfather, Colonel Kovaleff, had a brief contact with Kerensky in 1917. (In the United States, the family adopted "Kovaleff" as the spelling of their surname.) The Colonel, a ballistics expert, was in the armaments business buying supplies for the Russian army. After the beginning of World War I, he was sent to the United States to purchase guns, presumably accompanied by some colleagues. As there were many German submarines patrolling the usual routes and they did not want to lose the gold bars they had brought to pay for the munitions, the Russians took a submarine, perhaps provided by the Allies, around the north of Iceland and along Greenland and finally up the St. Lawrence River into

Mikhail Ivanovich Kovalev, 1914

Михаил Иванович Ковалев, 1914 г.

Canada; then they went to the United States. Before or after this trip, in 1915, the Colonel traveled to the US accompanied by Olga and their son on the vessel *Kursk*.

For a time, the Kovaleffs lived in New Haven, CT (coincidentally on the same street where I lived when I attended Yale University), and Colonel Kovaleff served Russia as Senior Inspector of rifles manufactured by the Winchester Co. in New Haven (officially titled U.S. Repeating Arms Co.), and of machine guns made by Colt's Manufacturing Company in Hartford, of which the Russians had been good customers for many years. Subsequently he was appointed Inspector-in-Charge of Machine Guns manufactured by Colt and Marlin Firearms Co. until Feb. 17, 1917, when he was appointed Representative

Michael Ivanovich Kovaleff, with his son, Michael Oleg Kovaleff, c. 1915

Михаил Иванович Ковалев и его сын Майкл Олег Ковалев, около 1915 г.

of the Russian Supply Committee in America to the Imperial Munitions Board in Ottawa, Canada. On August 12, 1917, Colonel Kovaleff was put in charge of rifle inspection at the New England Westinghouse Company.[V]

Sometime after the Tsar abdicated on March 15, 1917, Colonel Kovaleff wired none other than Kerensky asking instructions. Kerensky replied that he should continue his task, because Russia was to remain in the war. When the October Revolution took place, Colonel Kovaleff again wired asking instructions—this time of the Bolshevik government located in the Smolny. Same question, different answer. He was told to send the remaining gold back, wind up the business, and return home. How the gold was shipped and its route are mysteries. But learning of the societal unrest and bloodshed in Russia, the Kovaleffs wisely decided to remain in the United States.

The Kovaleffs moved to New York City where their son grew up. Olga's sister Maria became a nurse in the Russian army, where she met and married Dr. Nicholas J. Poltchaninoff; they escaped Russia, went to Turkey, then in 1920 to the U.S., where they settled near the Kovaleffs. Augusta Kovaleff, Michael Sr.'s sister, immigrated in 1923, married Arthur J. Zadde, and also lived nearby.

The son Michael Kovaleff attended Columbia College and Columbia University's College of Physicians and Surgeons, graduating in 1938 and marrying my mother, Barbara Helen Pointer (1916–2000), in December of that year. Following the military tradition of many of his forebears, he served in the United States Army at the rank of Captain as a Medical Officer from 1942 to 1946. Upon his release from the service, he established a thriving medical practice, and long-standing associations with both St. Luke's Hospital and the now closed St. Vincent's Hospital. Many of his patients were Russian *émigrés*, who shared with my father a common language and similar experiences of having had to leave the Motherland.

In the late 1940s Alexander Kerensky had also moved to the United States and for a number of years taught at Stanford University in California. Then he, too, settled in New York. For the last years of his life, Kerensky chose my father as his doctor. The man who

Barbara Pointer Kovaleff and Michael Oleg Kovaleff beginning their honeymoon to Bermuda, December, 1938

Барбара Пойнтер Ковалев и Майкл Олег Ковалев отправляются в свадебное путешествие на Бермуды, декабрь 1938 г.

Michael Oleg Kovaleff, Captain, Medical Corps, Internist, 1942–46, assigned to the Fourteenth Evacuation Hospital, served primarily in the China-Burma-India Theater

Майкл Олег Ковалев, капитан военно-медицинской службы, терапевт, в 1942–46 гг. был включен в состав Четырнадцатого эвакуационного госпиталя и служил в основном в кампаниях Китайско-Бирманско-Индийского театра военных действий

had taken over the Smolny Institute, the man whom my grandfather had contacted inquiring what he should do with the imperial munitions business when the Tsar had abdicated—this man my father cared for until Kerensky's death in 1970. My father always saw him before or after his regular office hours, as many of his *émigré* patients regarded Kerensky as a traitor. What history they may have discussed, what reversals of fortune their two families experienced!

My father was a man of few words and very seldom spoke of his parents, all that they had endured, his youth, or his army experiences; I did not really know my paternal grandparents. I so wish that I could question them all about their fascinating, at times tumultuous, past. But I can at least dedicate this book to the Russian branch of my family and make available the beautiful photographs of the Smolny Institute, glimpses into the imperial past.

I am merely the coordinator of this project, and owe numerous debts to many people who have worked to realize it. First and foremost, I am grateful to Professor Catriona Kelly, Professor of Russian at the University of Oxford, who referred me to Professor Alexander Liarsky and was an unfailing source of sound advice and translations of crucial information. Professor Liarsky, a Russian historian and Senior Lecturer at St. Petersburg State University of Technology and Design, graciously agreed to do primary research on the Smolny Institute and its students, and to write the history and commentary in this volume. My first translator of this material, Dr. Martha Kitchen, unfortunately had to cease her good work because of health concerns. I am deeply indebted to Professor Katherine T. O'Connor, Professor Emeritus of Russian at Boston University, who solved many arcane puzzles and produced a scholarly translation of the prose. Ms. Karen Freund, an expert translator of Russian, then polished and copyedited the translation. I am extremely grateful to her for her careful work and wonderful way with words.

My brother Dr. Theodore P. Kovaleff contributed important facts gleaned from our father. Dr. Alla Barskaya helped answer some questions on the Russian text, and Ms. Lynne deBenedette gave me the important referral to Ms. Freund. The Russian Nobility Association in America and Mr. Larry Freund provided some useful information on my forebears.

I am very grateful to the employees of Academic Studies Press, Mrs. Kira Nemirovsky, Ms. Ekaterina Yanduganova, Mr. Matthew Charlton, and others. Their great enthusiasm for the project and skilled work have ensured that this volume sees the light of day.

My gratitude also goes to Ms. Ekaterina Baburina, who prepared the initial Russian translation of this Preface.

Last, but certainly not least, I am very grateful to my husband Jim, an unfailingly helpful and supportive advisor, who always encouraged me to complete this project.

Nancy Kovaleff Baker, Ph.D.
December, 2017

Notes

[I] File of Olga Leopoldovna Imshenik-Kondratovich in the Central State Historical Archive of St. Petersburg (CSHA SPB), archives of the Smolny Institute, collection 2, finding guide 1, file 15010.

[II] Petition to the Council of the Imperial Educational Society of Noble Maidens, ibid.

[III] V. A. Kislov, "House No. 21/6," in "Mariinskaia Street of Old Gatchina," http://history-gatchina.ru/town/ulica/mariinska.htm, trans. Katherine T. O'Connor.

[IV] From file of Maria Leopoldovna Imshenik-Kondratovich, CSHA SPB, collection 2, finding guide 1, file 15228.

[V] Letter of introduction from Colonel V. V. Oranovsky, President of the Russian Artillery Commission in New York City, June, 1918, attested by Colonel A. Nikolaieff, Military Attaché at the Russian Embassy in Washington, D.C. on June 21, 1918; family papers of Nancy Kovaleff Baker.

Предисловие

История моей семьи и благодарственное слово

Автор — Нэнси Ковалева Бейкер

Перевод — Карен Л. Фройнд, Екатерина Бабурина

Бывая в гостях у родителей в Нью-Йорке, я всегда с удовольствием разглядывала их старинные вещи и фотографии. И мне было очень интересно, когда однажды вечером отец сказал: «Иди сюда, милая, я покажу тебе старый альбом». Альбом был в бирюзовом твердом переплете, с цветастой матерчатой обложкой, выцветшей от времени.

Мы стали рассматривать содержимое альбома — чудесные фотографии величественных зданий, уютных комнат, разнообразных учебных классов, девушек скромного и благовоспитанного вида, очень серьезных учителей и начальников. Это было учреждение, где учились мать моего отца Ольга и ее сестра Мария на рубеже девятнадцатого и двадцатого веков — Смольный институт благородных девиц в Санкт-Петербурге. Я была поражена, узнав, что в нем преподавали не только историю, французский, музыку и вышивание, но и географию с физикой. Смольный был не просто пансионом для девушек! Мой отец, доктор Майкл Олег Ковалев, перевел мне подписи к фотографиям. Впоследствии он подарил мне этот альбом, и я бережно его хранила, но вспоминала о нем нечасто, будучи поглощена карьерой и семьей.

Спустя десятки лет, в 2000-х гг., мы с мужем приехали в Россию и попытались проследить жизненный путь членов моей семьи. Мы съездили в Гатчину, город, расположенный в 42 км от центра Санкт-Петербурга, где в свое время часть моей родни жила и служила при царском дворе и в армии. Церковь Сергия Радонежского, в которой венчались родители моего отца, была сожжена, войсковой штаб разрушен, улицы застроены жилыми домами. В Санкт-Петербурге мы посетили здание бывшего Смольного института. Время наложило свой отпечаток и на него, и произошедшие с ним изменения отражают все, что творилось со страной в течение бурного столетия.

В сопровождении гида мы посетили государственный историко-мемориальный музей «Смольный». Так как сегодня в здании находятся правительство и администрация Санкт-Петербурга, на входе нас тщательно досмотрели и заставили пройти через рамки металлоискателя. Внутри нас всюду сопровождали двое охранников, явно служивших в свое время в КГБ. Нам такая повышенная бдительность ничуть не мешала, поскольку нашей целью было только посетить музей и осмотреть помещения бывшего Смольного института. В музее было две-три комнатки со стеклянными витринами и несколькими предметами мебели девятнадцатого и начала двадцатого веков. Среди экспонатов были фотографии из моего альбома и другие интересные объекты. Мы очень хорошо, хоть и медленно, побеседовали через гида с директором музея. Он сказал, что мой альбом — исключительно редкая вещь: одна копия хранится в самом музее, еще одна в Историческом архиве Санкт-Петербурга, несколько экземпляров разбросано по российским библиотекам, а один попал в Калифорнию. Прошедшие годы, часть которых пришлась на смутное время начала двадцатого века, уничтожили большую часть культуры, образования и материального наследия царской России.

Моя бабушка и двоюродная бабушка родились в большой семье, главой которой был Леопольд Антонович Имшеник-Кондратович (1824–1896). Он прослужил в армии Российской империи 42 года, пройдя всю иерархию чинов: был подпоручиком, поручиком, штабс-капитаном, капитаном, подполковником и наконец полковником. Известно, что он командовал второй батареей 23-й артиллерийской бригады. Ушел в отставку 16 октября 1894 г., получив, как тогда было заведено, почетный чин генерал-майора. К сожалению, после отставки он не прожил и двух лет. Его вдова Наталья Ивановна Имшеник-Кондратович (1853 или 1854–1939 или позже) вынуждена была в одиночку содержать семью. Но она была сильной женщиной и смогла сделать так, чтобы ее восемь детей получили хорошее образование и ни в чем не нуждались. Судя по всему, она дожила до глубокой старости.

Сохранилась справка, выданная семье полицейским управлением Гатчины в 1896 г. для поступления младших дочерей в Смольный. Там перечислены имена и возраст всех детей (не всегда совпадающие с данными других документов): старший сын Владимир, 23-х лет, секретарь Гатчинского дворцового управления, его заработок помогал содержать семью; Константин, 22-х лет, поручик 103-го Петрозаводского пехотного полка; Евгения, 20-ти лет, скоро переехавшая в Одессу, а потом в Санкт-Петербург, и по всей вероятности замужем; Николай, 18-ти лет, служащий станции «Санкт-Петербург» Варшавской железной дороги, который тоже помогал содержать семью; Александр, 14-ти лет, воспитанник 2-го кадетского корпуса; Ольга и Мария, восьми и семи лет, поступающие в Смольный институт; и, наконец, трехлетний Борис[1]. Кроме Евгении, почти все дети жили с матерью, и денег у семьи было в обрез.

Как вдова офицера Наталья Ивановна получала ежемесячную пенсию в 168 рублей. Весь доход, который приносило ее имущество, шел на оплату восьмитысячного долга с процентами. Неудивительно, что она подала прошение о приеме двух младших дочерей в Смольный институт за казенный счет в знак признания многолетней безупречной службы их отца.[II] Ей повезло: прошение удовлетворили.

Леопольд Антонович завещал жене (*см. фото на с. 3*) пожизненное владение домом в Гатчине по адресу Мариинская улица, 21/6. Это было престижное место, располагавшееся поблизости от Гатчинского дворца, где до своей смерти в 1894 г. жил император Александр. Недалеко было и до роскошной главной императорской резиденции — Санкт-Петербурга. Вот что рассказывает об этом доме статья «Мариинская улица старой Гатчины»:

> Дом № 21/6 (угол Кирочной, 6): дом Имшеник-Кондратович. Большой деревянный одноэтажный дом, с красивым полукруглым, в итальянском стиле, слуховым окном на крыше мансарды, стоял по красной линии улицы. Располагался он не на углу, а немного отступив от него в сторону Ингербургской (7-й Армии) улицы. На углу находилась хозяйственная постройка. Одноэтажный деревянный с мансардой флигель, тоже принадлежащий Имшеникам, находился в глубине участка и числился по Кирочной (Гагарина) улице под номером 6. В начале 1890-х годов дом уже принадлежал служащему Гатчинского Дворцового управления Владимиру Леополь-довичу Имшеник-Кондратовичу. Дом и флигель снесли в 1970-х годах при строительстве на этом участке многоквартирных жилых домов. При этом пострадал прекрасный сад. Но каким-то чудом уцелел огромный старый дуб, и поныне стоящий во дворе, буквально в трёх метрах от входа в один из подъездов дома на Мариинской. Также сохранилась одна из лиственниц, когда-то растущих на участке со стороны Кирочной улицы. Теперь её можно увидеть на детской площадке перед жилым домом на чётной стороне улицы Гагарина.[III]

Итак, моя бабушка Ольга (1888–1963) прошла вступительные испытания и была зачислена в Смольный. Со 2 сентября 1898 она приступила к учебе на полном пансионе. Теперь в семье стало на один рот меньше, а через год — уже на два: в институт приняли и младшую сестру Марию (1889–1973). Обе они (*см. фото на с. 3*) получали часть отцовской пенсии; после зачисления девочек в Смольный ведением их счетов занимался институт, и без его разрешения снять деньги было нельзя. В архиве сохранилось множество прошений Натальи, в которых она просит у института средства из стипендий дочерей. В ход шла и типичная неприкрытая лесть, и порой даже подтасовка фактов. Ольга выпустилась из Смольного 25 мая 1905, Мария — 26 мая 1907. (*См. фото на с. 4.*) Найти объяснение тому, почему они закончили институт с разницей в два года, если поступали с разницей в один, так и не удалось. Вскоре после окончания института Ольга вышла замуж за полковника Михаила Ивановича Ковалева (1882–1961). Свадьба состоялась 8 ноября 1906 в гатчинской церкви Сергия Радонежского 23-й артиллерийской бригады. (*См. фото на с. 5.*)

Спустя несколько лет у них родился сын Михаил Михайлович (Майкл Олег) Ковалев (1913–1996).

Отец говорил мне, что альбом с фотографиями подарили его матери за успехи в учебе. И Ольга, и Мария были прилежными ученицами, в их табелях много оценок «отлично» и «очень хорошо». Но хотя средний балл у Ольги был выше, чем у сестры, архив свидетельствует, что награду по окончании института получила именно Мария: ей подарили книгу.[IV] (*См. фото на с. 5.*) Выпускницы могли получить награды четырех категорий. Самой главной из них был шифр — золотой вензель императрицы, который прикалывался к одежде; затем шла золотая медаль, потом серебряная, и наконец книга. Я допускаю, что альбом и был той самой наградной книгой, которую получила Мария. Мой отец или из-за давности лет, или из уважения к матери, или из-за неточно переданных сведений решил, что награду дали Ольге, а не Марии. Но могло быть и так, что альбом вручали всем или некоторым выпускницам 1905 г. (в этом году он предположительного был создан) — и тогда его действительно получила мать. Ниже свою гипотезу по этому вопросу излагает Александр Лярский.

Февральская революция 1917 г. принесла перемены всему российскому обществу. Коснулись они и Смольного. В августе по распоряжению Временного правительства часть здания института занял Петроградский Совет рабочих и крестьянских депутатов. Затем Смольный стал главным штабом Октябрьской революции и резиденцией советского правительства во главе с Лениным. Во время Великой Отечественной войны Смольный сыграл важную роль в обороне Ленинграда от немецких захватчиков. Сегодня в здании института находятся правительство и администрация Санкт-Петербурга. Именно отсюда Путин начинал свой путь к власти.

Одним из главных лидеров первого революционного правительства был Александр Керенский (1881–1970). Так получилось, что в 1917 г. с ним взаимодействовал мой дед, полковник Ковалев (*см. фото на с. 6*), который был специалистом по баллистике и занимался закупками вооружения для российской армии. После начала Первой мировой войны он был отправлен в США для закупки стрелкового оружия, по всей видимости, в составе рабочей группы. Для оплаты поставок везли золотые слитки. Опасаясь немецких подлодок, закупщики шли в подлодке, принадлежавшей, надо полагать, кому-то из союзников. Они обогнули Исландию с севера, прошли вдоль побережья Гренландии и спустились по реке Святого Лаврентия, а потом через Канаду попали в США. До или после этой поездки, в 1915 г., полковник отправился вместе с Ольгой и сыном в США на пароходе «Курск». (*См. фото на с. 7.*)

Семья Ковалевых некоторое время жила в Нью-Хейвене, штат Коннектикут. И так получилось, что когда я училась в Йельском университете, то жила на той же улице, что они. Полковник Ковалев занимал пост старшего инспектора: контролировал со стороны заказчика винтовки, производимые в Нью-Хейвене фирмой Winchester Repeating Arms Company, и пулеметы, производимые в Хартфорде фирмой Colt's Manufacturing Company. Обе эти компании много лет были поставщиками российской армии. Позднее Ковалев был назначен ответственным инспектором по приемке пулеметов, производимых компанией Кольта и фирмой Marlin Firearms Co. С 17 февраля 1917 он был представителем Русского заготовительного комитета в Америке в Имперском Совете по боеприпасам в Оттаве (Канада), а с 12 августа 1917 стал инспектировать производство винтовок Мосина в New England Westinghouse Company.[V]

15 марта 1917 г. император Николай II отрекся от престола, и спустя некоторое время полковник Ковалев отправил Керенскому телеграмму, запрашивая дальнейших инструкций. Керенский велел ему продолжать работу, поскольку Россия все еще участвовала в войне. После Октябрьской революции Ковалев телеграфировал снова с тем же вопросом, на этот раз большевистскому правительству в Смольный. Теперь ответ был другим: отправляйте остаток золота обратно в Россию, сворачивайте работу и возвращайтесь. Каким путем золото было отправлено в страну — неизвестно. Однако, узнав о социальной нестабильности и кровопролитии в России, семья Ковалевых мудро решила остаться в США.

Ковалевы — в Америке их фамилия писалась Ковалефф — переехали в Нью-Йорк. Мария, сестра Ольги, служила медсестрой в российской армии и встретила там своего мужа, доктора Николая Полчанинова; они эмигрировали из России через Турцию, а в 1920 г. приехали в США и поселились неподалеку от Ковалевых. Сестра Михаила Ивановича, Августа Ковалева, иммигрировала в 1923 г., вышла замуж за Артура Дж. Задде и также жила по соседству.

Майкл Ковалев-младший вырос в Нью-Йорке, учился в Колумбийском колледже, потом в медико-хирургическом колледже Колумбийского университета. В 1938 г. он получил диплом врача и в декабре того же года женился на моей матери, Барбаре Хелен Пойнтер (1916–2000). (*См. фото на с. 8.*) Следуя семейной традиции, он тоже стал военным и с 1942 по 1946 гг. служил в Вооруженных силах США в звании капитана медицинской службы. (*См. фото на с. 8.*) Уволившись из армии, он стал востребованным частным врачом и много сотрудничал с больницей Святого Луки и с закрывшейся уже больницей Святого Викентия. Среди его пациентов было много русских эмигрантов — людей, которые говорили на одном с ним языке и, как и он, расстались когда-то со своей родиной.

В конце 1940-х гг. в Соединенные Штаты приехал и Александр Керенский. Он много лет преподавал в Стэнфордском университете в Калифорнии, а затем переехал в Нью-Йорк. В последние годы своей жизни Керенский стал пациентом моего отца. Тот самый человек, что правил страной из Смольного и давал моему деду инструкции насчет закупок оружия после отречения царя, лечился у моего отца до своей смерти в 1970 г. Они всегда встречались либо до того, как у отца начинался рабочий день, либо уже после того, как все остальные пациенты расходились: многие эмигранты считали Керенского предателем. Можете себе представить, какие разговоры происходили у него с моим отцом, ведь обе их семьи пережили такие превратности судьбы!

Мой отец не был многословным человеком и редко рассказывал о своих родителях и их жизни, о своей молодости, о службе в армии. Я не слишком хорошо знала своих дедушку и бабушку по отцу. Как жаль, что я не смогла расспросить их об их интереснейшем прошлом, полном таких бурных событий. Но по крайней мере я могу посвятить эту книгу российской ветви моей семьи и показать миру чудесные фотографии Смольного института, дающие возможность заглянуть в имперское прошлое.

Я не более чем координатор этого проекта и безмерно обязана множеству людей, чья работа помогла его осуществить. Прежде всего я благодарна профессору Катрионе Келли, преподавателю русского языка в Оксфордском университете, которая направила меня к профессору Александру Лярскому и всегда помогала ценными советами и переводами важнейших вещей. Профессор Лярский, историк, старший преподаватель Санкт-Петербургского государственного университета промышленных технологий и дизайна, любезно согласился собрать информацию о Смольном институте и его ученицах и подготовить для нашего издания историческую справку и комментарии. К сожалению, первый мой переводчик с русского, доктор Марта Китчен, была вынуждена прекратить работу над книгой из-за болезни. Я в большом долгу перед Кэтрин Т. О'Коннор, почетным профессором русского языка в Бостонском университете, которая справилась с обилием загадочных мест и сделала грамотный перевод текста. Затем перевод был блестяще отредактирован опытнейшим переводчиком госпожой Карен Фройнд. Я безгранично благодарна ей за внимательную работу и великолепное чувство языка.

Мой брат доктор Теодор П. Ковалефф поделился бесценными фактами, по крупицам собранными из рассказов нашего отца. Доктор Алла Барская помогла прояснить ряд вопросов, связанных с русским текстом, а госпожа Линн деБенедетт свела меня с госпожой Карен Фройнд. Русское Дворянское Собрание в Америке и господин Ларри Фройнд предоставили ценную информацию о моей семье.

Я благодарна сотрудникам издательства Academic Studies Press: Кире Немировской, Екатерине Яндугановой, Мэтью Чарлтону и всем остальным, кто сделал возможным это издание. Эта книга появилась на свет благодаря их неустанной работе и неизменному энтузиазму. Также я хотела бы выразить благодарность Екатерине Бабуриной, которая подготовила русскую версию предисловия.

Последним по счету, но не по важности, я хочу поблагодарить своего мужа Джима за то, что не прекращал делиться советами и поддерживать меня и всегда поощрял меня в стремлении закончить этот проект.

Нэнси Ковалева Бейкер, Ph.D.

декабрь 2017 г.

Примечания

I Личное дело Имшеник-Кондратович Ольги. ЦГИА СПб. Фонд 2 «Воспитательное общество благородных девиц и Александровский институт (Смольный институт)», опись 1, дело 15010.

II Прошение в Совет Воспитательного общества благородных девиц, там же.

III В. А. Кислов, «Мариинская улица старой Гатчины», в *Гатчина сквозь столетия*, http://history-gatchina.ru/town/ulica/mariinska.htm.

IV Из личного дела Марии Леопольдовны Имшеник-Кондратович. ЦГИА СПб. Фонд 2 «Воспитательное общество благородных девиц и Александровский институт (Смольный институт)», опись 1, дело 15228.

V Рекомендательное письмо полковника В. В. Орановского, президента Российского артиллерийского комитета в Нью-Йорке, июнь 1918, заверено полковником А. Николаевым, военным атташе при российском посольстве в Вашингтоне 21 июня 1918 г. Частная коллекция Нэнси Ковалевой Бейкер.

The Smolny Institute

Written by Alexander Liarsky

*Translated by Karen L. Freund
and Katherine T. O'Connor*

> Delightful memories! Happy times!
> A refuge of innocence and peace!
> —*Glafira I. Rzhevskaia*
>
> But this institute is an extremely pernicious institution.
> —*Elizaveta N. Vodovozova*
>
> What are you babbling about the symbolic significance of the Smolny? The Smolny is only the Smolny because we are in it.
> —*Vladimir I. Lenin*

The first state educational institution for women in Russia was founded in 1764, by decree of the Empress Catherine II. It was named "The Imperial Educational Society of Noble Maidens," but is more commonly and unofficially known as "The Smolny Institute" or simply "The Smolny." The Institute operated in St. Petersburg until the fall of 1917, when it disappeared in the chaos of civil war, and its building became the site of the temporary residence of the revolutionary government.

Before beginning a brief survey of the history of the Smolny Institute, some preliminary remarks are in order. The Smolny Institute is unusual because, as a secondary educational institution for young women located in the capital and benefitting from the continual attention of the imperial court, it came to symbolize several epochs of Russian political and cultural history. In the historical consciousness of Russians, the Smolny evokes the kinds of stereotypes that are inherent in any site or building with acknowledged symbolic resonance. First of all, it is a symbol of the hopes and experiments of the Age of Enlightenment, preserving the memory of the brilliant and complex reign of the Empress Catherine II (1762–1796). Secondly (for many most importantly), the Smolny came to symbolize the transition of the 1917 Russian Revolution to its most radical stage. During the first 124 days after the upheaval of October 25 and 26, 1917, the Bolshevik government, led by Vladimir Ilyich Lenin, had its headquarters in the Smolny Institute. The proclamation of the new government and the adoption of its first laws, which completely destroyed the foundations of old Russia and paved the way for the civil war, all took place in the Smolny. Jumping ahead, I would note that what lay at the core of the Institute was the idea of creating a new breed of people, for Catherine II, fully in the spirit of the Enlightenment, believed that education could help create a "new person." It is striking, therefore, that the end of the story of the Smolny Institute marked the beginning of a far more colossal and terrifying social experiment that also, in many respects, involved the formation of the human being, the creation of a new world, and the destruction of the old.

Thanks to the events of 1917, the Smolny Institute acquired yet another meaning, which it retains up to this day: it became a site of power. After the Bolshevik government, it housed the party and administrative leadership of the city of Petrograd (later Leningrad); it is now the residence of the governor of St. Petersburg.[1] Many unsavory, dark, and momentous events of twentieth-century Russian history are associated with the place. It was here in 1934 that the leader of the Leningrad Bolsheviks, Sergei M. Kirov, was killed, a murder that was used as a pretext for mobilizing the machinery of the great Stalinist terror. When during World War II German forces laid siege to Leningrad, the city was without food, and hundreds of thousands died of hunger, the management of daily life and of the defense of the city was conducted from the Smolny. One might point out, too, that it was at the Smolny that Vladimir Putin began his political career. For Russians, and especially for residents of St. Petersburg, the Smolny is both a center of and a synonym for power. It reflects Russians' complex, conflicting attitudes towards power itself.

In addition, the Smolny Institute exists in the Russian historical consciousness as a nostalgic symbol of a noble culture forever lost. The pupils of the Smolny are used to underline the grace, the elegance, the educated nature and good manners of women of noble origin. Of course, such stereotyping by no means always corresponds to the truth, but, as we know, for ordinary historical consciousness, truth is not the most important thing. The reverse side of the idealization of noble women is the intense attention given to the Smolny girls' love lives. For example, the Russian public is more likely to be familiar with Ekaterina M. Dolgorukova, the morganatic wife of Emperor Alexander II, than with Vera E. Popova, *née* Bogdanovskaia, who earned a doctorate in chemistry in Geneva, and who died in 1896 while trying to carry out an experiment that was not completed successfully until the second half of the twentieth century.

Of course, the Smolny Institute is an integral part of the history of women's education in Russia. The Smolny was a symbol of its successes and achievements, as well as of its failures, and of its gender and class limitations. In many respects, this informs yet another part of the Institute's reputation: in the nineteenth century, the Smolny was a target of criticism, viewed by the intelligentsia as an affront to new trends within the women's movement and the struggle for equal rights. Formed on the one hand by nostalgia for Russia's noble past and, on the other, by the revolutionary-democratic trends of Russian and Soviet history, the present-day view of the Smolny is as ambivalent as present-day Russian historical consciousness.

These, then, are the modest treasures to be found among the symbolic meanings and images of the

Smolny Institute. Their description is essential not to expose the inaccuracy and specificity of the current view, but to help the non-Russian reader understand the set of stereotypes in play when Russians talk about the Smolny, and why, even though the Smolny Institute has been gone for a hundred years, its memory is still carefully preserved.

The Smolny Institute in the Eighteenth Century

Founded in 1764, the Smolny Institute was a very important part of an entire system devised by the Empress Catherine II and her favorite, the nobleman Ivan I. Betskoi, for the enlightenment of the Russian people. Betskoi laid out the fundamental ideas on which this grand undertaking was based in "Statute for the Education of Youth of Both Sexes" in 1764:

> [T]he source of all evil and good is *Education:* the only way to achieve the latter with both success and firm resolve is to choose means to this end that are direct and basic. Following this indisputable rule, there is only one way, and that is to introduce, by means of Education, a new breed, so to speak, of fathers and mothers, who would be able to instill in the hearts of their children the same direct and basic rules of education that they themselves had received, and that their children would, in turn, transmit to their children, and so on from generation to generation in years to come.[2]

To carry out this scheme, it was proposed that five- and six-year-old children of both sexes be gathered into educational institutions where they would grow up in complete isolation from the external world until they were eighteen to twenty years old, visiting with their relatives only "within the institution itself and in the presence of their Directors. For it is indisputable that frequent and indiscriminate contact with people ... is extremely harmful, but even more so during the education of young people such as these, who must ceaselessly contemplate the examples and models of virtue that they have been given." A generation of people was to grow up in isolation and under constant supervision, capable of sowing and growing the seeds of virtue and enlightenment in the Russian people. In order to carry out these astonishing schemes, a system of new exclusive educational institutions for representatives of the various social strata, of both sexes, was created in Russia in the 1760s and early 1770s. And it was at the Smolny Institute that girls of the nobility were to be educated.

This grand initiative was made possible because in 1762 a military coup had brought to power an advocate of the ideas of the European Enlightenment in spirit and a German princess by birth: Catherine II. The newest and for that time most modern European pedagogical ideas of Rousseau, Locke, Fénelon, and the French physiocrats were to be grafted onto Russian reality. History had provided the advocates of a Russian enlightenment with the rarest of opportunities to try to put these ideas into practice. Of course, this opportunity came with its own set of local characteristics: ideas imported into Russia from different minds, different countries, and different times were to be fused into a single entity composed of incompatible elements. For example, Betskoi, the Empress's closest advisor in the matter of education, considered himself a true follower of Rousseau, but the French philosopher was an adamant opponent of state education.[3] However, as a Russian official and a member of the nobility, Betskoi saw the state as the only power capable of creating an environment protected against savagery and ignorance. For this reason, his pedagogical ideas were a whimsical combination of innovation and conservatism, principles of freedom in education combined with class stratification, and many of his initiatives were abandoned under the pressure of government politics and the Empress's will. (Incidentally, Catherine couldn't abide Rousseau for his anti-state propaganda.) Moreover, the implementation of these projects was entirely dependent on the disposition of the Empress. Towards the end of her reign, love of power, constant political tightrope-walking, and horror in the face of the French Revolution turned her into a fierce conservative and a persecutor of free ideas; but in the early 1760s, Catherine still wanted to go down in history as a "philosopher on the throne." As Diderot wrote of her at the time, "Catherine II is, very likely, the first female ruler who truly wanted to educate her subjects."[4] It was this that made possible the vast utopian project of raising a new breed of people, and the Smolny Institute was a part of this project.

The charter of the Smolny Institute was adopted on May 5, 1764.[5] According to the charter, fifty five- or six-year-old girls of proven noble origin were to be selected once every three years. Relatives had to attest that on no account would they demand to have their child back before the age of eighteen. The girls were to be divided by age into four groups, each of which would wear clothing of a corresponding color (see below). For the first age group, the subjects to be studied included "scripture and catechism," "all aspects of good breeding and behavior," languages—Russian and foreign—arithmetic, drawing, dance, vocal and instrumental music, and "needlework and crocheting of all kinds." For the second age group, geography and history were added to these subjects, and "some economy," which meant, first and foremost, the running of a household. The third age group continued the study of these subjects, but with the addition of the study of architecture and heraldry, the "humanities, to which belong the reading of historical and edifying texts," and the beginning of a practical study of household management. The edifice was crowned by the fourth age group, whose course of study consisted of "full knowledge of scripture," the study of "all the rules of good breeding, good behavior, good manners and politeness," and "the continuation of all of the above." Finally, the pupils in this age group would "actively engage in all aspects of economy in turn." Of all the subjects mentioned in the charter, only one was described concretely and in detail: household management. The maidens in the third age group had to maintain their own accounts for daily expenses and be able to sew their own clothes; those in the fourth age group had to be able to negotiate with suppliers for provisions, to determine the price of goods by their quality, and in general to keep order.

It is easy to see that the educational program was planned along extremely vague lines, and that was no accident: it was not education but cultivation that constituted the chief goal of the girls' residence in the Educational Society. The main emphasis of the charter was on cultivation because, in the Empress's view, "a mind enhanced or enlightened by knowledge does not in itself make for a good and upright citizen: rather, in many cases, it is detrimental. . . ."[6] For that reason, attention was to be focused on religious education. It was equally important to instill in the maidens the so-called secular virtues, which the charter listed as "obedience to authority, mutual courtesy, meekness, abstinence, the equitable demonstration of good behavior, a pure and righteous heart inclined to the good, and, finally, proper modesty and generosity to noble personages and, in a word, rejection of anything that could be called pride and vanity."

In order to appreciate fully the significance of the Educational Society, one has to bear in mind that Russia had not seen anything like it before the time of Catherine. Female education, in isolation from the family, within the collective setting of a closed boarding school—all this was seen as an extraordinary novelty. As a staunch supporter of female education, Ivan Betskoi made many efforts to demonstrate its necessity. In a preamble to the general plan, he wrote: "The female sex has to be educated with the same enthusiasm and commitment as the male sex. Neglect of the female sex would be unfair, as well as both imprudent and harmful. . . ." Noting that the participation of women in public life and useful work would be a good thing, Betskoi cited his own experience traveling abroad:

> . . . wherever the female sex is used to carry out not only its customary tasks but also various other kinds of work, there the inhabitants lead an indescribably satisfying life, and in cleaner conditions, which you can see clearly when you enter the city. Nowhere is such a contrast more visible than in a comparison of Holland and Italy. In the former country all work is performed by the female sex, in the latter by the male. . . . The cleanliness of the former is not only pleasant, but as necessary for good health as the life of the latter is foul. . . .

Leaving aside the religious and economic differences between the two European countries, Ivan Betskoi directly traces the source of his impressions to the active participation of women in the work-life of the country. This amusing anthropological conclusion is completely within the spirit of the Age of Enlightenment, with its expectation of miracles resulting from changes in the conditions of people who formerly had no opportunity to demonstrate their talents.

The very existence of the Smolny Institute was seen as its own kind of miracle. It was presented to foreign guests as a marvel of the imperial capital, and the first public appearance of Smolny maidens in the Summer Garden in St. Petersburg on May 20, 1773, created a furor. The *St. Petersburg Gazette,* the official paper of the capital, described the event:

> Today is a general promenade day in that garden; however, the presence there of the Smolny maidens seems to have attracted more than the usual number of strollers and caused many to travel there.... Upon learning of their arrival, many of the distinguished nobility gathered, and so many people desirous of seeing them assembled there that not only throughout the garden, but also on the banks of the Neva, all along Millionnaia Street, right up to the garden itself, there was a great crush of people.... [The maidens] were accompanied by a huge number of people, who crowded after them, blocked the whole street, and almost completely stopped traffic. . . . During the promenade, anyone could see in them a becoming audacity. Everyone liked their noble unselfconsciousness. Many of the people began to talk to them about various things, and they expressed themselves to everyone and about everything freely, unconstrainedly, with particular pleasantness, and answered all the questions of those curious about their ideas and knowledge to their satisfaction.[7]

Of course, it is obvious to a historian of Russia that the above-quoted text reflects, if not the authorship of the Empress herself, then at least her strong influence; however, it is also unlikely that she was simply indulging in wishful thinking. In any event, a far more independent and even sharply critical journal, *The Painter*, published by the famous Russian Enlightenment figure Nikolai Ivanovich Novikov (who later landed in prison for his public activities), also reacted enthusiastically to this event.

It must be noted that the pupils demonstrated the very qualities that the charter had required them to have. Their "becoming audacity" and "noble unselfconsciousness" were cited as proof of both the progress in female education and the contrast between young women of the Institute and girls educated at home.

In fact, the very organization of life in the Institute was itself designed to instill these qualities in the young women. They got up early, their amount of sleep set by the charter in accordance with their age. A great deal of attention was paid to external appearance and the ability to maintain neatness and cleanliness. On weekdays, lessons ran from 7 to 11 in the morning and from 2 to 4 in the afternoon. The rest of the time was devoted to reading, prayers, and walks, which were emphasized, along with games played outdoors in the fresh air. Fun and games were, in Betskoi's opinion, the foundation of the correct upbringing of a child. The charter required educators to involve the children in games, but never to force them. The flip side of the idea of the freedom of play in the development of the child's nature was coercion and restrictions when it came to the formation of the child's constitution: on the one hand, swings, a swimming pool, skittles and games, but on the other, cold bedrooms and moderation in diet; moreover, the latter would persist far longer than the former.

The Smolny pupils devoted a huge amount of time and energy to theatrical productions, as stipulated by the charter and encouraged by the Empress in every way. According to calculations made by N. P. Cherepnin, the Smolny pupils of the first graduating class staged a new performance every six months; one of the most esteemed authors was Voltaire. The performances became a kind of hallmark of the Smolny Institute, and a prominent entertainment for the fashionable court of St. Petersburg. The Empress took a very active part in them, and the period before Catherine lost interest in the idea of boarding-school education can without hesitation be called the Smolny's most brilliant era.

Perhaps the most well-known hymn to the Smolny Institute in its first period came from Glafira I. Rzhevskaia, *née* Alymova, in her memoirs:

> Orphans, the poor and rich, all had the same right to avail themselves of an excellent education, the basis of which was complete equality. It was a community of sisters obeying the same rules. The only distinction between them was that of merit and talent. . . . The first graduating class, of which I was a member, benefitted to the utmost from all the advantages offered by the institution. . . .
>
> It is impossible to conceive of a happier situation than mine during my eleven years at the Smolny. There is no comparing the happiness that I enjoyed with wealth, a brilliant position in society, royal favors, or worldly success, which come at such a high price. Shielding us from the sorrows of life and providing us with innocent pleasures, they taught us to be satisfied with the present and not to think about the future.[8]

However, over time, the Empress cooled to Betskoi's idea of raising a new breed of people. On the one hand, Betskoi's plan faced insurmountable obstacles that were obvious from the beginning. Betskoi himself wrote that "schools such as this usually just fall into decline because of a lack of skilled administrators and teachers. Then not only is all of the instruction of no use, but, on the contrary, it more often causes harm." And, in fact, there were *not* enough teachers. They scouted for them abroad, but they often did not find teachers, and especially female teachers, with the necessary qualifications. The first native Russian teacher did not appear at the Smolny Institute until 1772.[9] Russian reading and writing had to be taught by nuns, but it was remarkably hard to find any who were themselves literate and could also teach children.

On the other hand, Catherine herself, who was from the beginning a practical lady, was turning more and more towards *realpolitik* and away from the utopian projects of the first period of her reign. Words she addressed to Denis Diderot serve as a kind of rebuke both to herself and to those enlightenment figures who had influenced her:

> Mr. Diderot, with great pleasure have I listened to everything that your brilliant mind has imparted to you; but with all your great principles, which I understand very well, it is possible to compose splendid books, but not to rule a state. In all your radical plans you forget our different situations: you labor only over paper, which tolerates everything, is soft and smooth, and doesn't impede your pen and imagination; while I, a poor empress, work on human skin, which is, on the contrary, very irritable and sensitive....[10]

This apotheosis of *realpolitik* applied as well to Catherine's work in education, reflected in the educational reform of 1782. A Commission on the Establishment of Public Schools was formed to create in Russia a system of education based on the Austrian model and, in keeping with the newest advances in pedagogy, with particular attention to methodology and organization of the curriculum. This reform was also imposed upon the Smolny Institute.

In 1783 the Commission inspected the Institute and came to the most disappointing conclusions. The quality of the Smolny pupils' knowledge was judged to be extremely low, especially when it came to the Russian language, and their knowledge of foreign languages was described as inadequate. This in turn affected the instruction of other subjects as well; history, physics and other subjects were taught in French, and the students' insufficient knowledge of this language prevented them from understanding what was said in class. Criticism was directed at the discipline in the classroom: "The maidens are frequently disobedient to their teachers, leaving class ahead of time. . . ."[11] In general, academics were dreadfully organized: the scheduling was erratic, lessons were often cancelled, and sometimes several teachers at a time conducted classes with only a fraction of the pupils present. Even the once-beloved theatrical performances were subjected to criticism, because rehearsals often took place during classes, to the detriment of the latter.

Of course, this was a significant blow to Betskoi's entire system—he was being used as a whipping boy. It is not that the observations were not true—they were—but that the situation was even worse in other educational institutions. However, by initiating reforms to the model of her once-beloved pet project, the Empress made clear to all the seriousness of her intentions and her rejection of the old system of education. The state turned away from the lightness and grace of a French educational utopia and now attempted to find possibilities for enlightenment in meticulous German methods. The state abandoned utopian projects to form a new kind of human being in favor of painstaking work on the actual human material at hand. The Smolny was once again destined to become a symbol of educational reform.

The first and most brilliant era of the Smolny's history was nearly at an end. Contemporaries judged the result of this curious experiment in different ways. Stories of the naïveté and lack of preparation for life of the Smolny pupils were popular among the *beau monde* of the capital. Prince Shcherbatov, a sharp and even crude critic of Catherine's entire reign, wrote that the Smolny produced "neither learned nor well-behaved maidens, unless they were so endowed by nature, and their education consisted more of playing comedies than of improving their hearts and their manners and their minds"[12] (which didn't stop the prince from sending his own daughters to the Smolny). But the main result of the existence of the Smolny Institute was the recognition of the very possibility of women's education, and the gradual growth of trust in it. While its first enrollment in 1764 barely attracted sixteen girls, and a full complement of 50 first-year girls was not achieved until July 1765, by the start of the school year in 1791, several hundred girls had been brought to the Educational Society and, despite the strict selection process, the Council of the Society was, by leave of the Empress, forced to admit more pupils than were called for.

The Smolny Institute in the Nineteenth and Early Twentieth Centuries

Without question the historical context of the nineteenth century had its effect on the Smolny Institute. The development of a system of female education in the first half of the nineteenth century made the Smolny a model for all Russian institutes for women. The reforms of the mid-nineteenth century turned the Smolny into a testing ground for new experiments in the area of female education. Dependence on the court created an inimitable lifestyle at the Smolny, and although over the course of the nineteenth century the details of life at the institute repeatedly changed, the style remained. Unfortunately, in the nineteenth century the Smolny also lost forever the spirit of freedom and festivity that had so characterized the age of Catherine the Great. An excerpt from the memoirs of a Smolny pupil of the first half of the nineteenth century provides a vivid example:

> Once in the summer they took us in pairs to the Tauride Gardens. It is located, as everyone knows, not far from the Smolny, and the streets were at the time still poorly developed and deserted, so that we met almost no one; but even so, the police guarded us on both sides, and during that time no outsiders were allowed into the Tauride Gardens.
> Once we got there, we walked for the most part in pairs; perhaps they let us run about on some grass, keeping a sharp eye on us to see that no one ran off. Afterwards we were again gathered in pairs and returned to the Smolny in the same order and accompanied by the same police.
> During the winter in good weather we were taken in pairs for a stroll in the gardens, and in bad weather we were taken, also in pairs, along cold,

bright, stone-floored corridors into an absolutely huge cold and empty hall with two rows of windows, around which they had us walk five times, still in pairs, after which we returned to our classrooms. They said that the hall served during the reign of Catherine the Great as a place for pupils' performances, which the Empress attended with her court, but in our day the hall was in a state of neglect and had no significance whatsoever. . . .[13]

How this somber description of deserted halls and a lonely procession down empty byways contrasts with the first years of the Institute and the sensational appearance of the enlightened and noble maidens amid the crowd in the Summer Garden! But it was in the nineteenth century that the Smolny Institute became the educational institution that we know.

A new era began for the Smolny after the death of Catherine II. The Society of Noble Maidens fell to the province of the Emperor Paul I's wife, the Empress Maria Fyodorovna. Her views on education were definitive for the Institute. Like Catherine, Maria saw much more sense in cultivation than in education; however, the goal was no longer the cultivation of a new breed of people, but the cultivation of the ideal mother. (It is easy to see a certain similarity as well— superfluous knowledge is as unnecessary for an ideal subject as it is for an ideal mother.) So when Maria gave instructions regarding the teaching of physics, she wrote to the headmistress of the Smolny Institute: "We would like him [the teacher] to confine himself to those properties of bodies and phenomena in nature that can be of use to young girls in their everyday life. . . . Thus information about rain, snow, hail and such are also useful for the maidens in the raising of their future children."[14] On the other hand, this is not just a case of obscurantism; we are more likely dealing with a supporter of the ideas of Rousseau, that constancy and virtue are most important in women's education.[15] Maria Fyodorovna was convinced that she was elevating, not lowering, her charges.

The Empress immediately set about making reforms to the Society of Noble Maidens. The youngest age group was eliminated, and children were now enrolled at the age of eight or nine. This was justified both by the state of the children's health and the senselessness from an educational standpoint of early admission, and by the cultivation of family feelings necessary for the proper development of the spirit. (This is a radical departure from the ideas behind the boarding school in the first years of its existence.) Starting at this time, there were no longer four age groups, but three. The *petit bourgeois* division established at the Society by the Empress Catherine (where girls of lowly origin were enrolled) was now strictly separated from the noble division. While formerly there was practically no difference in their educational programs and way of life, now the two divisions had different programs, different instruction periods, and different numbers of classes. As the Empress herself wrote: ". . . the relationships [of the divisions] are completely different, and the acquisition of talents and skills that are appreciated by society, which is essential for the education of noble maidens, becomes not only harmful but pernicious for *petit bourgeois* girls, because it places them outside their class and makes them seek out society that is dangerous to their virtue."[16] Furthermore, children of the nobility whose fathers were lower in rank or not of ancient lineage were gradually more and more often accepted into the *petit bourgeois* division. As a result, that part of the Smolny was transformed into a separate educational institution, the Alexandrovsky Institute, which nevertheless maintained close ties with the Smolny.

Significant changes were made to the curriculum. Some subjects, such as natural history, were eliminated. Personnel changes and administrative reforms were made. The meticulousness or, one might say, the pettiness of the Empress was on display in everything, right down to the fact that she personally prepared the schedule of classes; personally selected the plaster cast models to be used for drawing; personally formulated the instructional programs; and personally edited the textbook on household management (because "as a household manager a woman is a worthy and useful member of the state"). She looked deeply into the pupils' routines, and she was interested in what they ate and the state of their health. The Empress disrupted wedding plans that she deemed to be unsuitable for the maidens and did not allow those born out of wedlock into the Institute: "I do not want," she wrote, "the pupils of the Institute to entertain even the thought of any birth or kinship other than the norm."[17]

But Maria Fyodorovna's attention to the household management aspects of the instruction did achieve positive results, such as the acquisition by the Society of a new building. Initially the Society was housed in buildings of the Voskresensky Smolny Monastery, but in 1808 it moved to a new building designed by the architect Giacomo Quarenghi. It was this building that was to become the present "Smolny."

However, what proved most significant for the status of the Educational Society was the fact that Maria Fyodorovna founded or was the patron of an entire network of new female institutes, for which the reformed Smolny was in many respects the model. It served as one of the supports of a system of educational and charitable institutions that was later part of the Russian state system under the name "The Department of the Institutions of the Empress Maria."

The set of rules and norms according to which the Smolny Institute would operate in the nineteenth century took shape gradually. Admission rules were regularized, and minimum entrance exam standards were introduced. Not one student was accepted without the approval of the Empress, and the Institute assumed the characteristics not only of an educational but also of a charitable institution, given that, even with a shortage of places, Maria Fyodorovna enrolled many daughters of poor but, in her opinion, well-deserving members of the nobility whose education was subsidized by the imperial family. A particularly large number of such girls came to the Institute after the Napoleonic wars. Owing to the growing popularity of the Institute, it began to accept girls who could pay their own way.

Significant reforms were also implemented in teaching. The most important of these was the establishment of the post of inspector of classes, whose duties included the organization of and control over the instructional process; the hiring of qualified teachers; and the adoption of textbooks—or, when needed, the supervision of their creation by the teachers. Undoubtedly, the work of the inspector, even if not reflected directly in the content of the instruction, seriously affected the level of instruction. The quality of teaching was especially monitored in those subjects thought to be of greatest importance to the Empress. Thus the Smolny pupils were taught dancing by the dancer Rose Didelot, the best dance teacher in court circles and the wife of the great dancer and ballet master Charles Didelot; a court singer taught liturgical singing; and sometimes the Smolny student choir was directed by the great Russian composer Dmitri Bortniansky (the Empress was very fond of Russian sacred music).

A logical continuation of the pedagogical development and charitable direction of the Smolny Institute was the establishment of a class of so-called *pepinierki* (from the French *pépinière*, for a nursery or a cultivated seedling). When a young woman demonstrated real success in mastering the program, she remained for three more years in order to receive additional pedagogical instruction. This could subsequently be of use to her in securing a position as a governess or a teacher if she was poor and had to earn her own living. *Pépinière* classes, which marked the actual beginning of female pedagogical education in Russia, also lasted up until 1917.

It was in this period that life at the Smolny acquired those characteristics of orderliness, uniformity, and discipline with which its nineteenth-century image is so often associated. A system of strict isolation was maintained at the Institute: parents visited their children on specified days in the presence of classroom ladies and could converse with their children only across a special balustrade, which was not taken down until the 1860s. In exceptional circumstances—sickness or the death of relatives—the girls were released, but only with the personal permission of the Empress. The girls did not leave for vacations, and classes continued in the summer, although in a less intense form. This doesn't mean that the Smolny Institute resembled a prison. The pupils would drive out to see the imperial palaces and take cruises on the river, and the Empress readily showed off her Institute to foreign guests. However, whereas in the era of Catherine the Great isolation was a component part of the enlightenment project, at the beginning of the nineteenth century it acquired a clearly protective character: the Institute now did not inculcate virtue but instead safeguarded it.

Strictly speaking, the style of life at the Smolny that took shape in these years was for the most part preserved for a long time, right up until the era of the reforms of Alexander II. After Maria Fyodorovna's death, her son, the Emperor Nikolai I, transferred all institutions that had been under his mother's patronage to a special Section IV of his personal chancellery.[18] A special decree established that "The composition and manner of operation of these institutions . . . remain as before without any change,"[19] but they came under the patronage of the Emperor's wife, the new Empress Alexandra Fyodorovna.

In fact, the death of Maria Fyodorovna marked the end of the age in which the members of the imperial court took a direct interest in the results of the work of the Educational Society as an educational institution. In 1845, the entire system of female education in Russia was standardized: it was streamlined, divided into levels, and equipped with rules, programs, and instructions appropriate to each level. The Smolny Institute "as the highest establishment of its kind" was placed in the special first section of the first level. The Smolny was the only institution of its kind in terms of its place in this hierarchy, since its pupils belonged to the nobility by birth and its program of study was considered more complete than anywhere else, although, as the authors of the reform observed, "without exceeding the limits of knowledge required of the female sex."[20]

The very spirit of female education in this period is beautifully expressed in the 1852 *Manual for the Education of the Pupils of Female Educational Institutions*. The *Manual* was based on the idea that "woman, as a gentle creature, designated by nature to be dependent on others, has to know that hers is not to command, but rather to submit to her husband, and that only by the strict fulfillment of her family obligations can she ensure her happiness and attain love and respect both within the family circle and outside it."[21] For this reason the following principles were to serve as the foundation for female education: "1) avoid anything that might offend the modesty and age of the females and could be contrary to an understanding of morality; 2) resist being carried away by speculative theories but, rather, conform to the age and outlook of the maidens, presenting all subjects briefly, clearly, and in an entertaining fashion; 3) develop the pupils' moral and intellectual powers instead of burdening their memory alone with unnecessary details," etc. Proceeding from such assumptions about a woman's physical and intellectual capabilities, the *Manual* proposed, for example, that when teaching geography, one should speak as little as possible about forms of government; and when teaching foreign literature, not only should texts offensive to morality not be studied, but in general "unnecessary details should be avoided." Regarding history, the *Manual* stated directly that the fulfillment of "the sacred duties" of a mother and wife are "both better and higher than any historical knowledge."

The Smolny became the flagship of the new system, and was placed under the formal control of the corresponding departments and committees. This decreased any direct influence by monarchs on the life of the Institute. Of course, the sovereign continued to visit the Institute; representatives of the royal court continued to attend final exams; Institute girls continued to visit royal palaces and parks of the Tsar's residences; and Nicholas I would even personally inspect the Smolny Institute's kitchen. Of course, the administration of the Society, although formally independent in many of its decisions, acted cautiously in regard to their most august patrons, and the latter, in turn, frequently meddled in the instructional process. But that was patronage: a duty of the monarch and nothing more. At the same time, the administration of the Institute would strive to preserve and strengthen the traditions of this elite educational institution. The Smolny became a definitive stronghold of conservative education, an enclave of class divisions and aristocratic exclusivity.

The symbol of this era was Maria Leontieva, the long-time director of the Institute, and herself a graduate of the Smolny in 1809. She held the post for 35 years, from 1839 to 1874. No other figure makes such a contradictory impression as she does, so sharp is the contrast between official publications and reminiscences left by the Smolny pupils. This kind of duality is characteristic of the Smolny of this period more than anything else. Thus, while a book ordered to mark the anniversary of the Smolny describes Maria Leontieva as "truly loving children," although not openly demonstrating that love,[22] the headmistress of the Smolny Institute appears in the pages of many published and unpublished memoirs to be a cold person who was inconsiderate to her pupils and strict in her punctiliousness. For example, Sofiia Markova, a pupil in the 1850s and 60s, complained in her diary that the headmistress did not allow them to bid farewell to the late inspector Timaev on the grounds that it was "improper for maidens to bid farewell to a man."[23]

In any event, the era of reforms that arrived in Russia in the mid-1850s did not bypass the Smolny.[24] In 1859, the great nineteenth-century Russian pedagogue Konstantin Ushinsky was appointed head of the educational administration of the Smolny. It was due to his efforts that the Smolny acquired those modernized forms of a secondary educational institution that remained in place until 1917 and that were applied to all the institutions of the Department of the Empress Maria. The system of classes was changed: now the students were to spend one year of study in each of seven classes (instead of nine, as they did before), repeating a year in the event of failure. Enrollment in the Institute, which previously occurred once every three years, was now conducted every year. It continued to accept girls between the ages of ten and twelve, the older ones entering a class appropriate to their age. The tradition of dividing up students by age through the use of varieties of attire remained in effect. The programs of study and the length of classes were changed. Significantly expanded were programs of study in literature, history, and geography; all classes had to be taught only in Russian. Teaching in the final class was particularly expanded, in fact imparting serious knowledge in the field of pedagogy and teaching methodology. Ushinsky was a firm believer in family education, so the pupils began to be allowed home for vacations. Of the greatest significance, however, was the new atmosphere that the reforms lent to the Institute. Ushinsky brought to the Institute new, talented teachers, whom he himself carefully selected. Classes became informal, interesting, and fun. The impression on the Smolny pupils of those years has to be called a sensation of awakening, even if such an awakening was not always pleasant. In 1860 Sofiia Markova wrote to her father about Ushinsky: "I am simply in awe of his indomitable character and intelligence. His lectures are so good, so inimitable, and yet when they are over, an unpleasant feeling always remains: the consciousness of one's own terrible worthlessness. . . . It is a heavy burden. Why am I so backward and stupid? . . . Where will such a dull life as mine lead? I hate even calling my existence a life."[25]

But these changes contrasted so sharply with the traditions and long-standing rules of the Educational Society that conflict between the old and the new was inevitable. Most upsetting to the advocates of tradition was the free atmosphere supported by the new inspector. Moreover, Ushinsky was an excitable and blunt man, tactless in his frankness and with absolutely no flair for bureaucratic intrigue. Failing to distinguish between education and cultivation, he began to meddle actively in the cultivation process that was controlled directly by the headmistress of the Institute (the introduction of vacations had already met with her sharp opposition). Ushinsky criticized the class ladies exceptionally harshly for their backwardness and pettiness, and fought for the abolition of such humiliating rules for the students as, for example, the right of the class ladies to read their private correspondence. Unfortunately, it all ended typically and depressingly: a settling of accounts and a showdown led to a denunciation against Ushinsky in which he was accused, as is so often the case in such circumstances, of criticizing the administration and of political disloyalty (which were in effect considered to be one and the same), and also of atheism. In 1862 Konstantin Ushinsky was forced to submit his resignation, and the teachers he had brought in went with him. The story is a microcosm of the fate of many mid-nineteenth-century Russian reforms: half-finished, vigorously resisted, Ushinsky's reforms invigorated the Institute and gave it new momentum, but could never turn it into an outstanding educational institution.

Further changes would occur at the Smolny just as they affected all the institutions of Empress Maria's Department. On the one hand, there was in this process a sense of logical development; the transformations proposed by Ushinsky combined over time with the everyday needs of the institutions. On the other hand, life seethed around the institutes; the era of Alexander II's reforms also seriously affected the system of education in Russia, including female education. In 1862 girls' open secondary schools were created under the Department of the Empress Maria. Starting in 1870, educational institutions such as these also appeared in the general educational system. Thus, in the 1870s women received some access to higher education as well, although under segregated conditions. The reforms throughout the entire system of education were bound to have an effect on the closed institutions as well, including on the Smolny. As early as 1861, new admissions procedures were established for the Smolny Institute: permission was given to accept the daughters of all the hereditary nobility, not just representatives of the oldest noble families (although at their own expense, not the government's). This seems like a small concession, but considering the status of the Smolny, it was nearly tantamount to a revolution. At the same time, other more modest noble institutes were debating whether to accept merchants' daughters.

In 1874 another round of transformations was introduced: a new instructional plan was established for all women's institutes. The girls shown in the pages of the album published here studied under this educational plan. Classroom time was shortened from an hour and fifteen minutes to one hour per class. The number of lessons was reduced, and the girls had to study singing and music outside of class in their free time. The main goal of these reforms was to correct shortcomings identified in Ushinsky's reforms, such as the excessive workloads imposed on the students. For thirteen years, questions had been raised about these programs being excessively burdensome for the Institute pupils, but until the reform, nothing had been done about it due to bureaucratic snags. And the process followed a path familiar to any historian of education. The Institute wavered between two basic views: the sense that the programs were outmoded, and regret over overburdening the children. In 1905 came a new wave of reforms associated with the revolution of 1905–1907, and the Smolny, like all the educational institutions of the Empire, underwent changes. What seemed too exhausting in 1887 was now seen as simply obsolete. Starting in 1905, the study of music was again incorporated into the classroom schedule; the instructional programs were again expanded, and to such an extent that in several subjects they significantly exceeded the programs of the ordinary girls' secondary schools. The result was once again termed overloading, and once again there began a long process of trying to reconcile different points of view, which consequently carried over into academic reform of the institutes in 1911.[26] The draft and discussion materials were deposited in the Institute's archives. The goal of the reform was declared to be "to raise the pupils' level of intellectual development by providing them with more time for a more serious and deliberate preparation of their homework; for independent work and outside reading; and to contribute to their physical development by including gymnastics at every class level." The 1911 reform was a response to the fact that the timetables and programs introduced in 1905 turned out to be overwhelming for the children, resulting in "the students' nervous state of mind and their poor performance." The headmistress of the Smolny Institute, Princess Elena Alexandrovna Lieven, discussing the department's proposals, strongly objected to curtailing the hours devoted to needlework, singing, and drawing, feeling that this would neglect "the aesthetic element of their upbringing, which had heretofore been a distinguishing feature of the Institute's program of education . . . with this decrease, the cultivational aspect of the mission would suffer, and the institutes could sink to the level of the gymnasia." Instead, she felt it necessary to cut down on mathematics to a greater degree than was proposed by the authors of the plan. Moreover, in this era in which knowledge for women was considered important, Lieven thought that a reduction in hours did not require cutting down on programs, because the amount of time necessary for mastering the program "depends more on the independent initiative of the students, on their skill in learning, and on teaching methods, rather than on an abundance of facts encountered."[27] Here we see the striking persistence of tradition: officially speaking, education at the Institute was not to depend on class or gender. The decisive argument was about aesthetics and cultivation. As a result, the Institute insisted on its exceptionality, and the "unfeminine" sciences would not be permitted across the Smolny's threshold. However, after three years of this experiment, in 1914, a decision was made to introduce new plans and programs.

In May 1914, the Institute celebrated the 150th anniversary of its founding. Speeches were given and august congratulations received. In his message from the Livadia Palace, the Emperor Nicholas II expressed the hope that in the future the "Imperial Society of Noble Maidens, true to the traditions of its glorious past, would continue to fulfill its lofty mission with honor and dignity."[28] But this hope was destined not to be fulfilled. . . .

The Smolny Institute and the Disasters of the Early Twentieth Century

The First World War began in 1914. As in many of the empire's educational institutions, at the Smolny this event aroused an outpouring of patriotism and a desire to be of help in some way to one's country. As they had during the wars of the nineteenth century, the young women of the Smolny prepared lint for bandages, packed up parcels for the front, and began to study medicine. During the war, since many peasants were at the front, students in Petrograd helped gather the harvest in the countryside. According to historian Elena I. Zherikhina, Smolny students were among them.[29] Balls and holidays were cancelled. Institute teachers voluntarily donated part of the money from their salaries to state charities. But the crisis into which Russia was increasingly drawn began to be reflected in the Institute as well; included among the pupils were the daughters of front-line soldiers and officers who had perished, and the support of the pupils and the standard of living of the teachers gradually deteriorated. In 1916, rather than donate money from their salaries, the teachers began to make appeals for extra raises in their salary "due to the high cost of living and wartime." When the inspector of classes, Maxim Price, died in January 1917, his widow asked for money for his funeral, since she could not pay for it herself.[30]

The events of 1917[31] turned out to be a paradox for the Smolny: as an aristocratic educational institution and one of the symbols of old, monarchical Russia, the Smolny disappeared along with the fallen regime; but by sheer chance, the revolution turned it into a symbol of the new order. In the summer of 1917, by order of the Provisional Government, the Petrograd Soviet of Workers' and Soldiers' Deputies took up residence in the Smolny building.[32] This move should not be seen as simply the conscious destruction of one of the monarchy's signature educational institutions. Although it is not impossible, there remains no evidence for it. There are more obvious practical reasons for the decision to relocate the Petrograd Soviet to the Smolny building. The Smolny was the building closest to the former location of the Soviet, where all the commissions and bodies could be freely accommodated and which would have a meeting hall. It was a painless move to make during a time of crisis. In August 1917, the Smolny Institute was divided: the northern section remained with the Institute, and the southern went to the Soviet. Of course, under these conditions there was no question of classes being held, and a plan emerged for the "partial evacuation" of the Smolny.[33] The evacuation site chosen was Novocherkassk; at that time the south of Russia was considered to have more monarchist sentiments than any other region. In addition, one of the institutes of the Department of Maria Fyodorovna was located in Novocherkassk. At the beginning of October 1917, some of the teachers and the students whose parents preferred to move their daughters out of revolutionary Petrograd left for Novocherkassk, where they lived and studied at the Mariinsky Institute for Noble Maidens. Many evacuated from Russia to Serbia at the end of the civil war, but many, however, preferred to remain in Russia. We can imagine what their lives were like from the memoirs of E.V. Kalabina, the daughter of a Cossack officer:

> In 1919 . . . Papa arranged for me and Zhenia to attend the Smolny Institute for Noble Maidens, which was then located in Novocherkassk. The last headmistress of the Smolny, the stout, gray-haired Princess Golitsyna, her daughter, who was a Sister of Mercy, and some of the teaching staff, nannies, and pupils lived full-time at the Institute and wore

its uniform. But Zhenia and I were "day students" and wore our own clothes, although the supervisor Kologrivova offered to make us residents. Knowing that the Smolny girls were constantly going hungry, we refused her offer, and since we received 200 grams of black bread with our white bread ration, we gave it to those who lived in the Institute. . . . Under the Reds, the situation got even worse. . . . Zhenia was in the same class as Ariadna Skriabina, daughter of the well-known composer, . . . a pretty girl who bore a strong resemblance to her father. . . . Ariadna was in love with or, rather, in the language of the Institute, worshipped our history teacher, and called her "Pallas Athena." Once on a Monday the history teacher came to class and asked the girls not to make too much noise since she had spent the entire previous day before forming bricks out of dung for fuel (the Donskoi region is steppe, after all). Ariadna asked the teacher in amazement: "You yourself made them out of dung?" And "Pallas Athena" answered calmly: "Of course I did, who was going to do it for me?" At which point Ariadna excitedly exclaimed: "If you had told me, I would have come and done everything!" . . . We, the children of affluent, educated families, were, during those hard times, ashamed to say out loud that a person searching for food had to resort, for example, to unripe cabbage leaves. Being always hungry, once in the street I picked up part of an apple that had been thrown away and ate it with pleasure, thinking only about how some lucky person could have allowed himself to do such a bad job of eating an apple. . . . Ariadna was ready to help the teacher make bricks out of dung (!) and wasn't ashamed of it.[34]

This episode is a microcosm of the paradox of a transition period that preserves old customs in new forms. The teacher of a noble institute preparing fuel out of cow muck, the students of the institute picking up gnawed apples off the street—while at the same time clearly institute norms persist: the institute convention of adoration is preserved (see below). The author demonstrates typical institute admiration for an act that by institute standards was considered "desperate," and at the same time strives to maintain her dignity by not telling anybody about the difficulties of her life.

It is surprising, but norms and rules were breaking down at the same time in the Smolny building; however, what was viewed as a tragedy at the Smolny Institute in Novocherkassk was viewed as a victory at the Smolny Institute in Petrograd. Three weeks after the departure of the Smolny girls, the Bolshevik upheaval took place in Petrograd, and the most radical left party in the Petrograd Soviet came to power. In 1917, the Smolny was the center of the revolution, and contemporaries interpreted this symbolically. Many of those who found themselves at the Smolny in this period highlighted the contrast between the building's past and its present. In his book *Ten Days That Shook the World*, the well-known American journalist John Reed wrote:

> Under the old régime a famous convent school for the daughters of the Russian nobility, patronized by the Tsarina herself, the Institute had been taken

over by revolutionary organizations of workers and soldiers. Within were more than a hundred huge rooms, white and bare, on their doors enameled plaques still informing the passer-by that within was "Ladies' Classroom Number 4" or "Teachers' Bureau"; but over these hung crudely-lettered signs, evidence of the vitality of the new order: "Central Committee of the Petrograd Soviet" ... and "Bureau of Foreign Affairs"....[35]

Many reminiscences collected later contrast the cleanliness of the old Smolny with the dirt brought in by the workers and soldiers:

> Hundreds and thousands of jackets and gray overcoats, greasy and reeking of smoke, made their way down the corridors, hurrying somewhere, bumping and running into each other.... It was dirty, soiled with spittle, smelled of strong tobacco, boots, and wet overcoats.... In the corridors you could feel the beating of the pulse of revolutionary Smolny.... Down the corridors in thick gray streams flow patrols, squads, pickets.... The electric bulbs under the vaulted ceiling grew dull from the stuffy heat, the hot steam of human bodies....[36]

But from the point of view of the newest order and its supporters, this dirt was a synonym for new life, and cleanliness and sterility a symbol of the old world that had perished.

As the site of new power, the Smolny embodied all its functions—here there were new ministries, consisting sometimes of one person, a couch and a nameplate over the couch; there on the third floor, in one of the rooms used for washing, a jail was set up.[37] And so, amidst the chaos and dirt of the revolutionary tumult that replaced the noble maidens, the Smolny Institute entered a new era of its history.

The Daily Life of the Smolny Girls

We do not have many reminiscences and diaries of the Smolny girls at our disposal; nevertheless, enough have been preserved to enable us to look at the daily life of the Smolny not only from an official vantage point, but also on the inside.[38] We shall pay particular attention, insofar as is possible, to the period that corresponds to that of the published album. Due to our limited scope here, we shall look only at the most general features of the everyday life of the Smolny girls; however, in the commentary on the album, we shall touch on several themes in more detail.

By the end of the nineteenth and the beginning of the twentieth century, a complex and multi-stage system for admission to the Institute had been developed. The common view that only girls of the highest society were accepted at the Smolny is a misconception; those in the highest echelons of society in the nineteenth century preferred to have their girls educated at home. The Institute was in many respects charitable in nature, and representatives of often extremely poor noble families were accepted into it. Girls from aristocratic families were the exception rather than the rule. The elite status of the Institute was maintained, above all, by the personal patronage of the monarch, the place of the Institute in the system of female educational institutions, and its long history, and by no means due to family fortune or the rank of a girl's father (although he couldn't be lower in rank than a colonel or a state councilor in the civil service). Maidens of noble origin could attend with the support of the state, philanthropists, or departments of the government, and they could also pay their own way. Those who wished to attend submitted applications before March 20, accompanied by documents testifying to the father's service and the origin of the child, the results of a medical examination of the girl and, in the case of the death of one of the parents, relevant documentation; orphans and half-orphans were given preferential access to tuition-free placement. This shows the philanthropic orientation of the Institute (by which, evidently, the original owner of the published album and her sister entered the Institute). Selection took place after a review of submitted applications. Certain cases were examined on an individual basis, and decisions were not always made according to formal criteria; time eroded the boundaries and rules. Thus, in 1904 a lower-class civil servant, the collegiate assessor Alexander Vladimirovich Islavin, submitted an application to include his daughters Elena and Olga "as candidates for admission as scholarship students." Their father's rank did not entitle the girls to such an admission to the Smolny, but the civil servant's wife was Her Highness the Princess T. G. Gruzinskaia, a former Smolny student herself. And the Council made the decision to include them among the candidates eligible for spots.[39] Obviously, in the mid-nineteenth century, there would have been no thought of such liberties. Chosen candidates were included on a ballot; cost-free spaces were assigned by lot. Those selected as candidates who failed to win such spaces could attend at their own expense. In the middle of the nineteenth century, tuition was 350 rubles per year; by the beginning of the twentieth century, it had risen to 400 rubles, which was rather expensive. At the start of the twentieth century, the cost of an education in a female gymnasium reached 200 rubles per year (in private institutions with room and board); the cost of education with room and board at the Bestuzhev Courses (which provided higher education for females) was 300 rubles; and the salary of an officer with the rank of colonel or major-general (held by the majority of the fathers who sent their children to the Smolny) totaled from 1,200 to 1,500 rubles a year (not taking into account raises that could increase that sum 1.5 to 2 times). The administration of the Institute was constantly struggling to receive fee payments on time, and even required guarantees, pre-payments and sureties. The case survives of an Institute pupil whose father did not make timely payments for his daughter's education; the Institute administration warned not the father but his guarantor that in the event of non-payment, "the Council would, most unfortunately, be forced to turn to the police for assistance in the recovery of these arrears."[40] The girls who sought assistance could also apply for scholarship support from private philanthropists or government departments. The Ministry of War provided the most support to scholarship students; in the early twentieth century, it funded twenty-one slots.

Most of the Smolny attendees recalled the diversity of the pupils. Maria Vakulovskaia, who was a student there in the 1860s, figured that most of her classmates were "maidens of the middle ranks." There were few daughters of generals or high officials among them. "If you encountered titled or untitled sonorous names, their representatives were for the most part not wealthy, belonging to kind of shabby lines. It was as if they had fallen to the Institute from the sky, they lived there permanently, virtually unvisited by anyone and with no means to improve their lives at the institution."[41] This view is echoed by a pupil of the 1840s, Alexandra I. Sokolova:

> The Institute student body was very diverse. . . . [T]here were daughters of the richest landowners of the steppe, fed and spoiled with abundant bread among the servile pandering of innumerable serfs . . . and alongside these pink-cheeked products of the rich black Russian soil were the prim and proud offspring of Baltic barons with their strict self-control, their cold, contemptuous tone. . . . There too were the pale, anemic petty St. Petersburg aristocrats visited by their high-society mamas and horse-guard cavalier brothers . . . and beside the gleam of galloons and aigulettes and those called "their excellencies," there suddenly sprouted an awkward and half-wild girl, brought here as if by magic from some desolate hinterland and enrolled as a pupil of the aristocratic Institute only because her grandfather and father, practically smallholder farmers, were listed in the sixth part, or the so-called "Velvet Book."[42]

As in any boarding school, the life of a girl at the Smolny began with separation from her loved ones and fear of the unknown; only gradually did she settle into this unfamiliar life. Each girl experienced this traumatic moment differently, and reminiscences about their first days at the Institute could differ:

> [T]he corridor seemed like a real dungeon to me, it was so gloomy. . . . Here I became so sad that I didn't know how to hide the tears that came to my eyes. . . . The morning was even more horrible. As soon as I awakened, I was overcome by such unbearable anguish as I never before had experienced and which I can't account for even now. Then I covered my ears and buried my face in the pillow; I lay like that for several minutes, and when the anguish subsided, I started to get up; that's the way it was for more than a month. . . . Can it really be, I thought, that I will always feel so awful here? O, how happy I was at home, where every glance from my dear ones radiated love for me . . . but here everyone looks at me with strange eyes, and sometimes a mocking smile would flicker

across their faces. God, what torment, I repeated, and sobbed.[43]

For stronger girls, however, such moments were easier. A Smolny student of the 1870s wrote:

> I was not as a rule one of the crybabies. . . . It was only when they finally took off my very simple house dress and put me in a heavy, floor-length, coffee-colored camlet dress, a long white linen apron and a white capelet that I seemed to grow cold and my throat constricted. But everything around me was so new and interesting and one thing so quickly followed another that I didn't have time to think, and without even being conscious of it, I entered another new and interesting life. . . . I soon grew accustomed to the Institute way of life. I was well-suited by taste and temperament to this quiet, neat and measured life, full of labor but at the same time joyous because of the presence of so many friends.[44]

Next in order of importance in terms of the impression it made on the Smolny girls was the dress code. The girls had to wear uniforms, with each class in its own corresponding color. The colors and their relation to the various age groups changed depending on fashion, administrative initiatives, and the financial resources of the Institute. In the beginning, according to the charter of 1764, Smolny girls were divided into four age groups with clothing of the following colors: ages from 5 or 6 to 9, brown clothing; from 9 to 12, light blue. The third age group, from 12 to 15 years old, wore grey, and the girls in the last age group, from 15 to 18, had to wear white dresses. After the transformations of Maria Fyodorovna, the situation changed. As a Smolny girl of the 1860s recalled, classes 6 and 7 wore brown dresses; 4 and 5, the mid-level classes, wore light blue dresses; the older girls in classes 2 and 3 wore green dresses; and the first class wore gray dresses. By the time the album came out, the color scheme had changed once again, and was, according to official documents, as follows:

> The dresses for pupils of the first class are sewn out of white camlet, for the second and third out of green, for the fourth and fifth out of light blue, and for the sixth and seventh out of dark-claret-colored camlet. . . . [Author's note: this means that during the creation of the album, the younger classes wore not brown, but claret dresses.] [T]he style of the dress is a skirt consisting of four panels, or three and a half for the little ones, with a gore panel in front and the rest smooth; the lower part of the skirt has four-centimeter pleating; the skirt is sewn to the bodice smoothly in front, with pleating on the sides, and gathers at the back. The boned bodice is open, with a point in front, a clasp at the back, and a short, narrow, straight sleeve ending in broad 4-centimeter bias banding.[45]

On top they wore capelets and removable sleeves; the pinafores gave the uniforms their ceremonial look.

Many recalled that the clothing itself and especially the underwear was surprisingly simple; the dresses were constantly being altered as figures changed, and plain shoes with rubber soles were worn in the 1860s and 1890s. The uniform smoothed over social distinctions and instituted a new hierarchy, differentiated by color. To become a white was one of the most cherished dreams of a Smolny girl. "Finally we can shout, 'We're whites!' Our class put on the clothes of the whites! When I was in a coffee-colored class, I could never imagine myself as 'a white.' The whites seemed like completely special people," wrote Varvara Bykova, a student in the 1830s, in her diary.[46] This sentiment remained strong for a Smolny girl decades later: "April 6, 1857. Today we put on white dresses! An important moment in our life! Now we're upper-form students and regard the light-blue class with pride. Already you often hear: 'You light-blues, don't forget yourself in front of the whites!'"[47] With the onset of the age of reforms and the introduction of a curriculum based on grade levels, the system of dress-coding became a sign of being held back: "Those who were kept behind in the third class for another year had to change from the greens into the just-abandoned light-blues, leave the senior age group for the middle one, and return to their former dormitories and sections—which caused them extreme embarrassment."[48] This color hierarchy and its corresponding rules and norms of behavior had a strong influence on the girls' conduct. Those with the reputation of being the wildest and most mischievous were the light-blues, girls just beginning adolescence, adept at all kinds of pranks and tricks.

> The members of this class, a transitional stage from the younger to the older, were constantly at odds with one another and in open conflict with everyone else. The "light-blues" fought with the senior ("white") class that, incidentally, had worn dark-green dresses, teased the little ones from the "coffee-colored" class . . . and even sometimes were insolent to the class ladies. There was some tempestuous, uncontrollable, uniquely elemental force at work in our children.[49]

The pupils were divided up into classes, which were divided into sections. Until the reforms of the early 1860s, the sections consisted of pupils at the same level of proficiency; after the reforms, each class was divided into sections named Neva and City, with approximately 25–30 students in each, depending on the number of free places. The sections studied separately, and each section slept in its own dormitory room. When Smolny girls recalled their past, they used words like "my section" or "my dormitory," just as they now say "my class." Two class ladies were assigned to each class, tasked with maintaining discipline both during lessons and outside of class; substituting for absent teachers; helping with the preparation of lessons; and, in general, overseeing the entire educational process. One of the two class ladies lived in a room adjoining the pupils' dormitory.

The daily routine of the Smolny girls was fairly strict. Starting in the mid-nineteenth century, the day began at 6:00 a.m.; then two hours were devoted to prayer and to toilette in the dormitory; at 8:00, the Institute had common prayer and breakfast. Classes started at 9:00. They continued until noon, after which there was dinner and a stroll. From 2:00 to 5:00, classes resumed; tea was at 5:00, and the time after that was devoted to class preparation. Supper was at 8:00 p.m., and, following that, preparation began for going to bed. In the early twentieth century, the routine changed in accordance with new ideas regarding a healthy lifestyle: they would arise at 7:00 a.m., and supper was moved to the 5:00-to-6:00 hour, while tea was served after 8:00.[50]

The monotony and seclusion of life at the Institute made for a quite particular atmosphere in which the girls lived. Any change in the regularity of the daily routine was viewed as a holiday. For this reason the Smolny girls recalled their nature excursions, their visits to the Tsar's residences, and their boat rides on the Neva. A visit by a representative of the Tsar's family was met with delight, not only because of the girls' monarchism, but because it made for a bit of excitement and a break in the routine of their orderly boarding-school life. As archival documents show, in the early twentieth century many of the Empress's visits concluded with her command that "the pupils be given three days off from classes." So how could one not love the monarch?[51] An even more vivid picture of the anti-disciplinarian undercurrent of the Smolny girls' monarchist enthusiasm is found in the unpublished diary of Sofiia Markova, in which she describes how, in all the fuss and confusion in the crowd accompanying the monarch, the Smolny girls blatantly hit and pinched their class ladies, settling scores with them.[52] Thus, the situation sometimes took a paradoxical turn: the underside of a public manifestation of loyalty was protest and undermining of the hierarchy.

This must always be remembered: the mingling of the public, official side and the underlying seamier side of life at the Smolny. The public side ignored the existence of any dark side, and all unpleasantness was glossed over and not acknowledged. In 1907, two pupils of the Smolny Institute made attempts at suicide; one of them died, the other survived. There is, however, no mention of this event in the personal records of the pupils. The cause of death of the one girl became "a fracture of the base of the skull," while the one who survived was removed from the Institute "at the request of her parents."[53] The sole consequence of these sad events was a thorough examination of the mental health of the Smolny girls, and persistent efforts to force the parents of those whose condition caused the doctors concern to take them out of the Institute.[54] Silence and removal were the fairly typical reaction of the Smolny Institute administration to excesses of this kind.

The secrecy of many aspects of life at the Smolny Institute, and its isolated and hermetic state in the nineteenth century made it a fertile ground for the spread of all sorts of rumors and gossip, which sprang up not only outside the Institute walls, but inside them as well. Several Smolny girls were instigators themselves. Thus we have reminiscences about a pupil who brought back with her from vacation a military uniform and boots with spurs, decked herself out and strolled down the corridors of the Smolny, exchanging greetings with the class ladies.[55] Sofiia Markova left a vivid description in her own diary of how rumors ran wild: first a rumor spread that a note written in blood had been found by the Neva, saying that the gunpowder factory located not far from the Smolny would soon explode.

> The thought that the explosion of the factory would also result in the destruction of the Smolny terrified us. That same evening, upon arrival in our bedrooms, we saw that someone was standing, leaning on the railing that surrounded the Smolny. This person's clothes were so strangely mixed up that it was impossible to tell if it was a man or a woman. Mesdames, one of us said, this is an Englishman who has come to steal the building plan of the monastery, in order to blow it up! Everyone immediately agreed, and decided that the class ladies had to be warned, and that we had to gather up our things and ask our family to take us home for a while. Everyone packed and awaited the day when the families would arrive. You can imagine our disappointment when we learned the following day that this Englishman absconding with the plan was none other than a milkmaid who was watching over her cows.[56]

A ghost would be strolling down the spooky hallways (later it would turn out to be a maid); a thief and murderer would be coming up from the basement and walking each floor. All this Institute folklore quite naturally comes down to us via memoirs, and is completely typical for a boarding school milieu.

Rumors about the amorous adventures of the Smolny girls did not for the most part match reality, perhaps as a consequence of the girls' fairly strict isolation, but in no way because of strict morals. The girls could behave in a totally flirtatious way: Sofiia Markova, the Smolny student from the 1850s, describes in her diary how Smolny girls of the reckless light-blue age group decided to start a love affair with some officers from the Black Sea fleet who had returned from the Crimean front. Girls from the white age group also became involved. The Smolny girls and the officers corresponded, and the officers, approaching from the Neva in a rowboat, serenaded them. But it all ended very badly: the officers got onto the Institute grounds and spied on the Smolny girls as they were bathing. Furthermore, the Institute authorities intercepted letters from the older girls to the officers. They expelled one of the whites and severely punished another. The lower windows in the hallways, which looked out on the street, were painted over; it was forbidden to go near the windows of the bedrooms; and a policeman was stationed in front of the Smolny. "Tranquility began to reign once again in our monotonous life," the diarist wrote with regret.[57]

On the other hand, the secluded life of the girls led to distinctive kinds of relationships, which in Institute slang were called "adoration." A Smolny girl had to have someone to "adore." She selected the object of her adoration from among teachers, class ladies, or members of the royal family; however, the most common objects of adoration were students in the upper classes, or classmates. In most cases this was quite innocent: the admirer was to give the object of her worship various signs of devotion, blowing kisses upon meeting and offering compliments. A girl could perform various feats in honor of her idol: for example, bowing to the ground a hundred times or eating the peel off an orange. The greatest happiness was to receive some sign of attention from one's idol. This common practice combined romantic expressions of chivalrous love and typical boarding-school dynamics between older and younger students. These relationships rarely developed into real friendship, and no information has been preserved regarding sexual relationships. Fairly typical for such a situation is the text of a note that has miraculously come down to us, sent to an idol in the infirmary by her adoring classmate:

> I think you'll be amazed to get my note; I can't explain what compelled me to write you, and I think it won't matter to you whether you know the reason or not. I know that you have never paid any attention to me, but I still think that you're mad at me, and for that reason I beg you to forget everything there was between us, and if I caused you any unpleasantness, to forgive me. I beg you to tear up my letter, or do whatever you want with it. I hope that when you get out of the infirmary, I can see you as a beloved and kind friend. I beg you, do not be proud, and write me a short reply. V. S.[58]

In essence, the main purpose of such imaginary experiences and made-up sufferings was to fill the vacuum of boarding school life.

* * *

The history of female education in Russia as a distinct institution ends together with the Smolny. However we view the Smolny, the education that it provided was one of the best in Russia until 1917. As for refinement, a variety of people emerged from the Smolny—the cultured and the not very, the respectable and the not quite. The son of a Smolny pupil, the artist Alexei P. Bogoliubov, writes: "I have the most sublime and charming memories of my mother. And if there is something decent and good in me, then it was nourished by her keen mind and superior morality."[59] Another man, Vlas Doroshevich, a writer of the second half of the nineteenth century, hated his mother, who had abandoned him, born out of wedlock, as an infant. Doroshevich's mother was also a graduate of the Smolny. Like the majority of educational institutions, the Institute offered various opportunities for the development of character and intellect, but, in spite of the expectations of its founders, it could not give any guarantees. Nonetheless, the vast majority of the Smolny girls had good memories of the Institute. For this reason, I would like to conclude my brief survey with words from the unpublished memoir of the Smolny student Maria Vakulovskaia. I am sure that the majority of Smolny graduates would endorse these simple and carefully considered words:

> The Institute owed the false reputation it always carried, of course, to the tomboys and the eccentric girls. Reading the stories and tales written by people without any actual familiarity with these institutions can lead one to draw so many false conclusions.... [T]he pupils are described as sentimental and naïve ... whereas the majority of maidens come out of the Society perfectly prepared for life, with firm rules.... On the whole, education at the Institute develops good sense and provides one with well-known life skills; it trains us to avoid extremes, to make good use of our time, to take some care with trifles, with external discipline, with speech thought out ahead of time, with the settling of debts; with everything that can serve a person in her struggle with life's trials and tribulations.[60]

Notes

[1] Note that St. Petersburg, the capital of the Russian Empire founded by Peter I [the Great] in 1703, underwent various name changes in the twentieth century for political reasons.

[2] Ivan Betskoi, *Sobranie uchrezhdeniy i predpisaniy, kasatel'no vospitaniia v Rossii oboego pola, blagorodnogo i meshchanskogo iunoshestva* [Collection of institutions and regulations concerning education in Russia of noble and bourgeois youth of both sexes], vol. 1 (St. Petersburg: n.p., 1789), 5.

[3] Betskoi, born in Sweden, was the bastard son of a Russian prince and a Swedish baroness. He often spent time in Europe during his adult life, and arrived on Russian soil for the first time when he was 14.

[4] Natan Eidelman, *Mgnoven'e slavy nastaet... God 1789* [A moment of glory nears... The year 1789] (Leningrad: Lenizdat, 1989), 24.

[5] *Polnoe sobranie zakonov Rossiiskoi imperii* [Complete collection of the laws of the Russian Empire], vol. 16, no. 12154, 742–755.

[6] *Ustav vospitaniia dvukhsot blagorodnykh devits uchrezhdennogo Eia Velichestvom Gosudaryneiu Imperatritseiu Ekaterinoi Vtoroiu, Samoderzhitseiu Vserossiiskoiu, Materiiu Otechestva i protchaia i protchaia i protchaia* [Charter for the education of two hundred

noble maidens established by Her Majesty the Empress Catherine the Second, the Autocrat of All Russia, the Mother of the Nation, et cetera, et cetera, et cetera] (St. Petersburg: n.p., 1764), 24.

7. Quoted in N. P. Cherepnin, *Imperatorskoe vospitatel'noe obshchestvo blagorodnykh devits. Istorichesky ocherk. 1764–1914* [Imperial educational society of noble maidens: A historical overview, 1764–1914], vol. 1 (St. Petersburg: n.p., 1914–1915), 146–147.

8. *Institutki:Vospominaniia vospitannits institutov blagorodnykh devits* [Boarding School Girls: Memoirs of pupils of Institutes of Noble Maidens] (Moscow: New Literary Observer, 2008), 37–38.

9. Cherepnin, *Imperatorskoe*, vol. 1, 121.

10. Eidelman, *Mgnoven'e*, 39.

11. Cherepnin, *Imperatorskoe*, vol. 1, 201.

12. Quoted in Mikhail M. Shcherbatov, *On the Corruption of Morals in Russia* (Moscow: Imwerden, 2001), 40.

13. Maria Uglichaninova, "Vospominaniia vospitannitsy sorokovykh godov" [Memories of a pupil of the forties], in *Instituty blagorodnykh devits v memuarakh vospitannits* [Institutes of Noble Maidens in the memoirs of pupils], ed. G. Martynov (Moscow: Lomonosov, 2013), 73.

14. Cherepnin, *Imperatorskoe*, vol. 1, 424.

15. Elena Likhacheva, *Materialy po istorii zhenskogo obrazovaniia v Rossii. 1086–1856* [Materials on the history of women's education in Russia 1086–1856] (Moscow: M. M. Stasiulevich, 1899), part II, 13.

16. Likhacheva, *Materialy*, part II, 9.

17. Likhacheva, *Materialy*, part II, 148.

18. It bears repeating that the second branch of the chancellery was engaged in the development of Russian legislation, and the famous third branch was for all intents and purposes the secret police of the Empire. This does not mean that the charitable and educational institutions of the Empress Maria were a pillar of the empire; however, their inclusion in his personal chancellery demonstrated the Emperor's personal involvement in the management of his mother's legacy and his patronage of these institutions. It is this branch that would later become the Department of the Empress Maria.

19. *Polnoe sobranie zakonov*, vol. 3, no. 2379, 948.

20. Likhacheva, *Materialy*, part III, 112.

21. Quoted in Likhacheva, *Materialy*, part III, 139.

22. Cherepnin, *Imperatorskoe*, vol. 2, 111.

23. Manuscripts Department of the Russian National Library, collection 1000, finding guide 2, shelving unit 817. Diary of S. A. Markova, 13r.

24. In the middle of the nineteenth century, preparations were being made for the reforms that marked the beginning of the modernization of the Empire. 1861 saw the abolition of serfdom, which amounted to slavery, insofar as it gave the nobility ownership and disposal of the personhood, labor, and property of the peasants. This inevitably entailed radical reforms in all spheres of life of the Empire; reforms in administration, the courts, education, the army, etc., followed.

25. Diary of S. A. Markova, 43r–44v.

26. For more on the reforms of this period, see Cherepnin, *Imperatorskoe*, vol. 2.

27 Central State Historical Archive of St. Petersburg, collection 2, finding guide 1, file 17603, 25–29.
28 Cherepnin, *Imperatorskoe*, vol. 2, 622.
29 Elena Igorevna Zherikhina, *Ostrov blagotvoritel'nosti—Smol'nyi* [Smolny, the island of charity] (St. Petersburg: Alaborg, 2009), 220.
30 CSHA of St. Petersburg, collection 2, finding guide 1, file 13875, 157r.
31 In 1917, under the influence of the economic and political crisis caused by the world war, a revolution began in Russia that led to the fall of the monarchy, the intensification of the crisis, and civil war.
32 The Petrograd Soviet of Workers' and Soldiers' Deputies was an informal organ of revolutionary authority in Petrograd. It was organized spontaneously, and in many respects stood in opposition to the official organ of revolutionary power, the Provisional Government, composed on the whole of representatives of the parliamentary parties. Thanks to its revolutionary nature, the Soviet was tremendously popular with the mass of soldiers, the workers, and the lower strata of the capital and of Russia, and by and large the government had to adopt their resolutions.
33 CSHA of St. Petersburg, collection 2, finding guide 1, file 19055, 4r.
34 Memoirs of E. V. Kalabina, in *Voprosy istorii* [Questions of History] 11–12 (1996): 114–119.
35 John Reed, *Ten Days That Shook the World* (London: Penguin Books, 1977), 54. Published in Russian as John Reed, *10 dnei, kotorye potriasli mir* [Ten Days That Shook the World] (Moscow: Gosudarstvennoe izdatel'stvo politicheskoi literatury, 1957), 49.
36 *Smol'nyi. Materialy istoriko-revoliutsionnoi ekskursii.* [Smolny. Materials from a historical and revolutionary tour] (Moscow-Leningrad: Rabotnik prosveshcheniia, 1930), 26–27.
37 Pyotr Nikolaevich Krasnov, *Na vnutrennem fronte* [On the home front] (Moscow: Airis-Press, 2003), 199–200.
38 First and foremost, it is worth mentioning the reminiscences of Maria S. Uglichaninova, Alexandra I. Sokolova, Alexandra S. Eshevskaia; and of the unpublished reminiscences, those of Maria Vakulovskaia merit special attention. One of the sharpest negative assessments of the Smolny is contained in the reminiscences of Elizaveta N. Vodovozova, but she was a student in the *petit bourgeois* [*meshchanskaia*] half. Unfortunately, we have at our disposal only two of the diaries of the Smolny girls: 1) the diary of Varvara Bykova published (evidently with censorship) in the 1830s, and the unpublished diary of Sofiia Markova, a pupil in the late 1850s and early 1860s. This latter diary contains details of the life of the Smolny that were rarely offered up for discussion by the general public. Needless to say, the subjects touched upon in the reminiscences are usually conventional. Memory has filtered things out, and after the passage of many years, what remained was the perfectly predictable remains of the strongest impressions of life at the Smolny: the first days there, the class ladies, the food and the routine of

everyday life, and events that fell outside the confines of the quotidian, like a visit by representatives of the royal family, or excursions outside the grounds of the Smolny.

39 CSHA of St. Petersburg, collection 2, finding guide 1, file 295, *Zhurnal zasedanii Soveta* [Journal of Council Sessions], 24r.
40 CSHA of St. Petersburg, collection 2, finding guide 1, file 13125, 19v.
41 CSHA of St. Petersburg, collection 2, finding guide 3, file 43, 22r.
42 Alexandra I. Sokolova, "Iz vospominanii smolyanki" [From the memoirs of a Smolny girl], in *Instituty blagorodnykh devits v vospominaniiakh vospitannits* [Institutes for Noble Maidens in the Memoirs of Pupils], ed. G. Martynov (Moscow: Lomonosov, 2013), 89.
43 Diary of S. A. Markova, 2–3r.
44 Alexandra S. Eshevskaia, Vospominaniia o Smol'nom [Memories of the Smolny], in *Rossiiskii Arkhiv: Istoriia Otechestva v svidetel'stvakh i dokumentakh XVIII-XX vv.: Al'manakh* [Russian Archive: History of the Fatherland in testimonies and documents of the eighteenth to twentieth centuries: Almanac] (Moscow: Studia TRITE, 2001), vol. 11, 352–409.
45 CSHA of St. Petersburg, collection 2, finding guide 1, file 16133, Circulars, 154r.
46 Varvara Bykova, *Zapiski staroi smolianki* [Notes of an old Smolny girl] (St. Petersburg: E. Evdokimov, 1898–1899), vol. 1, 15.
47 Diary of S. A. Markova, 7v.
48 CSHA of St. Petersburg, collection 2, finding guide 3, file 43, 115r.
49 Sokolova, "Iz vospominanii," 91.
50 CSHA of St. Petersburg, collection 2, finding guide 1, file 17603, 28r.
51 CSHA of St. Petersburg, collection 2, finding guide 1, file 16134, 9r.
52 Diary of S. A. Markova, 31r–31v.
53 CSHA of St. Petersburg, collection 2, finding guide 1, file 16060, 1r, and file 16208, 1r.
54 CSHA of St. Petersburg, collection 2, finding guide 2, file 348, 18r.
55 CSHA of St. Petersburg, collection 2, finding guide 3, file 43, 58r.
56 Diary of S. A. Markova, 3v.
57 Diary of S. A. Markova, 7r.
58 Diary of S. A. Markova, 70–71r.
59 Zherikhina, *Ostrov*, 94.
60 CSHA of St. Petersburg, collection 2, finding guide 3, file 43, 60–61r.

Смольный Институт

Александр Лярский

Прелестныя воспоминания! Счастливыя времена! Приют невинности и мира!
— Г. И. Ржевская

Однако этот институт — презловредное учреждение.
— Е. Н. Водовозова

Что вы калякаете о символическом значении Смольного! Смольный — потому Смольный, что мы в Смольном.
— В. И. Ленин

В 1764 г. в Санкт-Петербурге, по указу императрицы Екатерины II (время правления 1762–1796) было основано первое в России государственное учебное заведение для женщин. Оно называлось «Императорское Воспитательное Общество благородных девиц», и название «Смольный институт» или просто «Смольный» является обиходным и неофициальным. Институт работал в Петербурге до осени 1917 г., потом это учреждение исчезло в хаосе гражданской войны, а его здание стало местом временного пребывания революционного правительства.

Прежде чем перейти к краткому обзору истории Смольного института, необходимо сделать несколько предварительных замечаний. История Смольного института не сводится к обычной истории учебного заведения. Так получилось, что находившееся в столице и пользовавшееся неизменным вниманием царствующего дома, среднее женское учебное заведение превратилось в символ сразу нескольких эпох российской культурной и политической истории. В историческом сознании жителей России Смольный присутствует именно в виде набора стереотипных сюжетов, что, впрочем, присуще любому месту или зданию с общепризнанным символическим наполнением. Во-первых, это символ надежд и экспериментов эпохи Просвещения, хранящий память о ярком и неоднозначном правлении императрицы Екатерины II (1762–1796). Во-вторых (а для многих и прежде всего), Смольный стал символом перехода русской революции 1917 г. в ее самую радикальную фазу. Первые 124 дня после переворота 25–26 октября 1917 г. правительство большевиков под председательством В.И. Ленина работало в здании Смольного института. Провозглашение новой власти и принятие первых ее законов, совершенно уничтоживших основы старой России и проложивших дорогу гражданской войне — все это происходило здесь. Забегая вперед, напомню, что у истоков института лежала мысль о создании породы новых людей — Екатерина II, вполне в духе эпохи Просвещения считала, что с помощью воспитания можно создать «нового человека». Зная это, нельзя не поразиться тому, что концом истории Смольного института станет начало куда более грандиозного и ужасающего социального эксперимента, также во многом связанного с формированием человека, созидающего новый мир и разрушающего старый.

Благодаря событиям 1917 г. Смольный институт приобрел еще одно значение, которое он сохраняет до сих пор. Он стал местом власти. После правительства большевиков в нем находилось партийное и хозяйственное руководство города Петрограда (впоследствии — Ленинграда), сейчас там располагается резиденция губернатора Петербурга. Многие неприглядные, мрачные и значительные события русской истории двадцатого века связаны с этим местом. Здесь был убит в 1934 г. руководитель большевиков Ленинграда С. М. Киров, и это убийство стало поводом для раскручивания машины большого сталинского террора. Когда во время второй мировой войны немцы осадили Ленинград, город оказался без продовольствия и сотни тысяч умерли от голода, из Смольного осуществлялось руководство обороной и повседневной жизнью города. Нелишне напомнить и о том, что в Смольном начинал свою политическую карьеру Путин. Будучи местом власти, Смольный существу-

ет в сознании россиян, и особенно жителей Санкт-Петербурга, как синоним власти. И он несет на себе отпечаток отношения к власти — отношения противоречивого и неоднозначного.

Кроме того, Смольный институт существует в российском историческом сознании как ностальгический символ навсегда ушедшей дворянской культуры. Смолянок вспоминают, когда хотят подчеркнуть грацию, изящество, образованность и хорошие манеры женщины дворянского происхождения. Конечно, такой стереотип далеко не всегда соответствует истине, но для обыденного исторического сознания, как известно, истина — не главное. Оборотной стороной идеализации дворянской женщины становиться пристальное внимание к амурным историям смолянок. О том, как выпускница Смольного института В. Е. Попова (в девичестве Богдановская) стала доктором химии в Женеве, и в 1896 г. погибла, пытаясь провести эксперимент, который оказался химикам по плечу только во второй половине XX века, — об этом широкая публика осведомлена гораздо меньше, чем о том, что смолянка Е.М. Долгорукова стала морганатической женой императора Александра II.

И, конечно, Смольный институт — это неотъемлемая часть истории российского женского образования. Смольный стал символом его успехов и достижений, впрочем, как и его провалов, его гендерной и сословной ограниченности. Во многом с этим связана еще одна часть репутации института — в девятнадцатом веке Смольный оказался под прицелом критики, противореча, в глазах интеллигенции, новым веяниям и в женском движении, и в сфере борьбы за гражданское равноправие. И будучи сформирован с одной стороны ностальгией по дворянскому прошлому России, а с другой — революционно-демократическими веяниями русской и советской истории, современный образ Смольного столь же двойственный, как и современное российское историческое сознание.

Таковы, в основном, те скромные сокровища, которые хранятся в коллекции символических значений и образов Смольного института. Их описание необходимо не для того, чтобы разоблачить неточность и дискретность этого образа, а для того, чтобы читатель мог вспомнить, какой набор стереотипов имеется в виду, когда говорят об этом учебном заведении, и почему, хотя Смольного института уже сто лет как не существует, память о нем бережно сохраняется.

Смольный институт в восемнадцатом веке

Основанный в 1764 г. Смольный институт был очень важной частью целой системы, задуманной императрицей Екатериной II и ее приближенным, вельможей И. И. Бецким, для просвещения российского народа. Основные идеи, на которых основывалось это грандиозное предприятие, были изложены И. И. Бецким в «Генеральном учреждении о воспитании обоего пола юношества» в 1764 г.:

> …корень всему злу и добру Воспитание: достигнуть же последнего с успехом и с твердым исполнением не инако можно, как избрать средства к тому прямые и основательные. Держась сего неоспоримого правила, единое токмо средство остается, то есть произвести сперва способом «Воспитания», так сказать, новую породу, или новых отцов и матерей, которые могли бы детям своим те же прямые и основательные воспитания правила в сердце вселить, какие получили они сами, и от них дети передали бы паки своим детям, и так следуя из родов в роды в будущие веки.[1]

Для осуществления этой затеи предполагалось собирать детей обоего пола 5–6 лет в воспитательных учреждениях, где они росли бы до 18–20 лет в полной изоляции от внешнего мира, встречаясь с родственниками только «в самом училище и то в присутствии их Начальников. Ибо неоспоримо, что частое с людьми без разбору обхождение… весьма вредительно, а наипаче во время воспитания такого юношества, которое долженствует непрестанно взирать на подаваемые примеры и образцы добродетелей». В изоляции и при постоянном надзоре должно было вырасти поколение людей, способных посеять и взрастить семена добродетели и просвещения в российском народе. Для осуществления этих поразительных замыслов в 60-х—начале 70-х гг. восемнадцатого века в России создается система новых закрытых учебных заведений для представителей разных социальных слоев обоего пола. Конкретно в Смольном институте должны были воспитываться девушки-дворянки.

Это грандиозное начинание стало возможным потому, что в 1762 г. (кстати, в результате военного переворота) к власти в России пришла сторонница идей европейского Просвещения по духу и немецкая принцесса по происхождению Екатерина II. К российской реальности попытались привить новейшие и наисовременнейшие для того времени европейские педагогические идеи Руссо, Локка, Фенелона, французских физиократов. История дала российским просветителям редчайший шанс попытаться осуществить эти идеи на практике. Конечно, была и своя специфика: завезенные в Россию идеи, рожденные в разных головах, в разных странах и в разное время, сплавлялись в единый комплекс, совмещавший несовместимое. Например, ближайший сотрудник императрицы в деле воспитания И. И. Бецкой[2] считал себя искренним поклонником Руссо, но французский философ был непримиримым противником государственного образования. Однако, будучи русским чиновником и дворянином, Иван Бецкой видел в государстве единственную силу, способную создать среду, защищенную от дикости и темноты.

Поэтому его педагогические идеи причудливо сочетают новаторство и консерватизм, принципы свободы в воспитании сочетаются с сословностью, а многие его начинания отступают под напором государственной политики и воли императрицы (не терпевшей, кстати говоря, Руссо за его антигосударственную пропаганду). Кроме того, осуществление этих замыслов целиком было связано с расположением императрицы. Под конец правления властолюбие, постоянная политическая эквилибристика и ужас перед французской революцией превратят ее в жестокого консерватора и гонителя вольных идей, но в начале 60-х гг. Екатерина еще желала войти в историю под именем «философа на троне». Как писал о ней тогда Д. Дидро, «Екатерина II, является, пожалуй, первой государыней, которая искренне пожелала сделать своих подданных образованными».[3] Именно это и сделало возможным огромный утопический проект по выведению новой породы людей, частью которого и был Смольный институт.

5 мая 1764 г. был утвержден устав этого воспитательного заведения.[4] Согласно уставу, надлежало набирать раз в три года 50 девочек 5- или 6-летнего возраста с доказанным дворянским происхождением. Родственники должны были дать расписку в том, что они ни под каким видом не станут требовать назад своего ребенка до 18 лет. Девочки соответственно возрасту разделялись по четырем отделениям, в каждом из которых носили одежду

соответствующего цвета (об этом ниже). Изучаемые предметы включали в себя для первого возраста «исполнение закона и катехизм», «все части воспитания и благонравия», языки — российский и иностранный, арифметику, рисование, танец, музыку вокальную и инструментальную, «шитье и вязание всякого рода». Во втором возрасте к этим предметам прибавлялась география и история, и «некоторая часть экономии», под которой понималось, прежде всего, ведение домашнего хозяйства. Третий возраст продолжал изучение этих предметов, но к ним прибавлялось изучение архитектуры и геральдики, «словесные науки, к коим принадлежит чтение исторических и нравоучительных книг», а также начало практического изучение домохозяйства. Венчает это здание четвертый возраст, учение в котором состоит в «совершенном знании закона», изучение «всех правил воспитания, благонравия, светского обхождения и учтивости», «повторение всего прежнего», и наконец, в этом возрасте воспитанницы «во все части экономии действительно вступают по очереди». Из всех предметов устав только один описывал подробно и конкретно — домашнее хозяйство. Девицы третьего возраста должны были сами составлять счета по дневным расходам, уметь шить для себя одежду; четвертый же возраст должен уже уметь договариваться с поставщиками о припасах, определять цену товара по его качеству и вообще уметь следить за порядком.

Нетрудно заметить, что образовательная программа намечена чрезвычайно расплывчатыми линиями, и это неслучайно: не образование, а воспитание составляло основную цель пребывания девушек в Воспитательном обществе. Именно воспитанию была посвящена основная часть устава, ибо, с точки зрения императрицы, «один только украшенный или просвещенный науками разум не делает еще доброго и прямого гражданина: но во многих случаях паче во вред бывает…».⁵ Поэтому основное внимание следовало уделить попечению о вере. Не менее важно привить девицам и так называемые светские добродетели, к которым устав относил следующие: «повиновение начальствующим, взаимная учтивость, кротость, воздержание, равенственное в благонравии поведение, чистое, к добру склоненное и праводушное сердце, а напоследок благородным особам приличная скромность и великодушие, и одним слово удаление от всего того, что гордостью и самолюбием назваться может».

Для того, чтобы полностью оценить значение Воспитательного общества, необходимо иметь в виду, что ничего подобного Россия до Екатерины не знала. Женское образование, в отрыве от семьи, в коллективе замкнутого пансиона — все это воспринималось как необыкновенное новшество. Будучи убежденным сторонником женского образования, Бецкой многократно пытался доказать его необходимость. В предуведомлении к генеральному плану он писал: «С таким же рачением и порядком, как мужеск, так и женск пол воспитан быть имеет. Перенебрежение женского пола не меньше было бы несправедливо, сколь и неблагорассудно и вредно...» Указывая, что привлечение женщин к общественной жизни и общеполезному труду приносит благо, он ссылался на свой опыт заграничных путешествий:

> ...где женский пол сверх обыкновенных и свойственных оному трудов, употребляется и на всякие другие работы, там обыватели несказанно довольственне жизнь ведут, а паче в чистоте, так что въезжая в город, ясно оное узнать можно. Нигде такая разность не сказывается, как при сравнении Голландии с Италиею. В первой земле вся работа отправляется женским полом, а в последней вся мужским... Сколько ж чистота первых не только увеселительна, но и для здравия весьма надобна, столько жизнь вторых гнусна...

Оставляя в стороне религиозные и экономические различия двух европейских стран, Иван Бецкой напрямую возводит истоки своего впечатления к активному участию женщин в делах. Этот забавный антропологический вывод вполне в духе эпохи Просвещения, с ее ожиданием чуда от перемен в положении людей, ранее не имевших возможности проявить свои таланты.

И само существование Смольного института воспринималось как своеобразное чудо. Его показывали иностранным гостям как диковинку императорской столицы, а первое публичное появление смолянок в Летнем саду Петербурга 20 мая 1773 г. произвело фурор. Вот как описывают это событие «Санкт-Петербургские ведомости» — официальная столичная газета:

> Сие число есть день всеобщего в том саду гуляния; однако присутствие их, смолянок, как кажется, привлекло гораздо больше гуляльщиков против обыкновенного и побудило многих приехать... Сведая об их приезде, множество собралось знатного дворянства и столько стеклось желающего видеть их народа, что не токмо во всем саду, но и на берегу Невы, через всю Миллионную улицу, до самого саду, сделали великую тесноту... [Девицы] шли в провожании многочисленной толпы народа, которая, теснясь им вслед, заперла всю улицу и почти совсем остановила проезд... Во время гуляния всякий мог приметить в них благопристойную смелость. Всем нравилась их благородная незастенчивость. Множество людей начинали с ними говорить о разных материях, где они со всеми и обо всем изъяснялись свободно, непринужденно и с особливою приятностью и на все вопросы отвечали к удовольствию каждаго, любопытствующего узнать об их понятиях и знаниях.[6]

Конечно, для историка России очевидно если не авторство, то сильное влияние на процитированный текст самой императрицы, однако вряд ли она только выдавала желаемое за действительное —

во всяком случае журнал куда более независимый и даже резкий — «Живописец», издававшийся знаменитым русским просветителем Н. Новиковым (в итоге угодившим за свою общественную деятельность в тюрьму), также отреагировал на это событие восторженными стихами.

Нельзя не заметить, что воспитанницы продемонстрировали качества, которые требовал привить к ним устав. Эти «благопристойная смелость» и «благородная незастенчивость» призваны были продемонстрировать как успехи в женском воспитании, так и контраст между институтками и девушками, воспитанными в семье.

Собственно, сам строй жизни в институте и был направлен на то, чтобы привить эти качества девочкам. Вставали рано, срок сна был определен уставом в соответствии с возрастом. Очень большое внимание уделялось внешнему виду и умению приводить себя в порядок. Уроки были в будние дни с 7 часов и до 11 и с 2 до 4 часов дня. Остальное время посвящалось чтению, молитвам, прогулкам, которым, как и играм на свежем воздухе, уделялось большое внимание. Веселье и забавы, по мнению Бецкого, были основой правильного воспитания ребенка. Воспитателям уставом ставилось в обязанность вовлекать ребенка в игры, но ни в коем случае не действуя принуждением. Оборотной стороной идеи об игровой свободе развития детской натуры было принуждение и ограничения в области формирования детского организма: с одной стороны — качели, бассейн для купания, кегли и игры, но с другой стороны — холодные спальни и умеренность в пище, причем последнее надолго переживет первое.

Огромное количество сил и времени смолянки отдавали спектаклям, что и предписывалось уставом, и всемерно поощрялось императрицей. По подсчетам, приведенным Н. П. Черепниным, смолянки первого выпуска примерно каждые полгода ставили новый спектакль, причем одним из наиболее почитаемых авторов был Вольтер. Спектакли стали даже своего рода визитной карточкой Смольного института и одним из заметных развлечений светского придворного Петербурга. Императрица принимала в этом самое деятельное участие и время, пока Екатерина не потеряла к затее закрытого просвещения интерес, можно смело назвать самой блестящей эпохой Смольного.

Пожалуй, наиболее известный гимн Смольному институту первого периода создала в своих записках Г. Ржевская, в девичестве Алымова:

Сироты, бедные и богатые, имели одинаковое право пользоваться прекрасным воспитанием, основою которому служило совершенное равенство. Это была община сестер, подчиненных одним правилам. Единственным отличием служили достоинства и таланты… Первый выпуск, к которому я принадлежу, наиболее воспользовался всеми выгодами заведения…

Нельзя вообразить себе более счастливого положения, как то, в котором я находилась в течение одиннадцати лет в Смольном. Счастие, которым я пользовалась, нельзя сравнить ни с богатством, ни с блестящим положением светским, ни с царскими милостями, ни с успехами в свете, которые так дорого обходятся. Скрывая от нас горести житейские и доставляя нам невинные радости, нас приучили довольствоваться настоящим и не думать о будущем.[7]

Однако, с течением времени императрица охладела к затее Бецкого о выведении новой породы людей. С одной стороны, план Бецкого явно упирался в непреодолимые препятствия, которые были очевидны с самого начала. Сам Бецкой писал, что «подобные сему училища обыкновенно оттого только в упадок приходят, что недостает искусных управителей и учителей. Все учение тогда не токмо никакой не производит пользы, но паче ко вреду бывает». А учителей-то как раз и не хватало. Их подыскивали за границей, но далеко не всегда находили учителей, а особенно учительниц необходимой квалификации. Первый русский учитель появился в Смольном институте только в 1772 г.[8] Русскую грамоту должны были преподавать монахини, но было необыкновенно трудно найти таких, которые и сами были бы грамотны и могли бы еще и детей учить.

С другой стороны, сама Екатерина, с самого начала будучи дамой практической, все больше и больше превращалась в «реального политика» и отходила от утопических проектов первого периода своего правления. Своеобразной отповедью и себе самой и влиявшим на нее просветителям станут слова, обращенные ею к Дени Дидро:

> Господин Дидро, я с большим удовольствием слушала все, что внушил вам ваш блестящий ум; но из всех ваших великих принципов, которые я очень хорошо понимаю, можно составить прекрасные книги, но не управлять государством. Во всех своих преобразовательных планах вы забываете различие наших положений: вы трудитесь только над бумагой, которая все терпит, она мягка, гладка и не останавливает вашего пера и воображения; между тем как я, бедная императрица, работаю на человеческой шкуре, которая, напротив, очень раздражительна и щекотлива…[9]

Этот апофеоз реальной политики коснулся и просветительской деятельности Екатерины, что выразилось в образовательной реформе 1782 г. Была образована соответствующая Комиссия об учреждении народных училищ, которая должна была создать в России систему образования на основе австрийского образца и в соответствии с новейшими достижениями педагогических наук, особое внимание уделив методике и организации преподавания. Реформе подвергся также и Смольный институт.

В 1783 г. Комиссия проинспектировала институт и пришла к самым неутешительным выводам. Крайне низко было оценено качество знаний смолянок, особенно в области русского языка, а знание иностранных языков было охарактеризовано как недостаточное. Это, в свою очередь, сказывалось и на обучении другим предметам — история, физика и прочие предметы преподавались на французском языке, и «недостаточное» его знание мешало пониманию того, что говорилось на уроке. Критике подверглась дисциплина на уроках: «девицы нередко оказывая учителям своим непослушание, оставляют преждевременно класс свой…».[10] Вообще учебная часть оказалась организованной из рук вон плохо: расписание было неустойчивым, занятия часто отменялись, а иногда несколько учителей занимались в одном классе с частью воспитанниц. Критике подверглись даже столь любимые когда-то спектакли, поскольку репетиции часто проводились во время уроков в ущерб последним и т. д.

Конечно, это был показательный разгром всей системы Бецкого, то, что называется «показательной поркой». Дело не в том, что подмеченных фактов не было, они были, дело в том, что в других учебных заведениях было еще хуже. Но, приступая к реформе, на примере когда-то любимого детища императрица дала понять всем серьезность своих намерений и продемонстрировала отказ от старой системы воспитания. От легкости и изящества французской просветительской утопии государство переходило к попытке найти возможности просвещения в кропотливой немецкой методичности. От утопических проектов по формированию нового человека власть перешла к скрупулезной работе с наличным человеческим материалом. Смольному в очередной раз было суждено стать символом образовательной реформы.

Самая первая и самая блестящая эпоха истории Смольного подходила к своему концу. Современники по-разному оценивали итог этого любопытного эксперимента. Анекдоты о наивности и неподготовленности смолянок к жизни были популярны среди столичного бомонда. Резкий и даже грубый критик всего Екатерининского царствования князь Щербатов писал, что из Смольного «ни ученых, ни благонравных девиц не вышло, как толико, поелику природа их сим снабдила, и воспитание более состояло играть комедии, нежели сердце и нравы и разум исправлять»[11] (что, правда, не помешало князю отдать в Смольный своих дочерей). Но все же главным результатом существования Смольного института стало признание самой возможности женского образования, и постепенный рост доверия к нему. Так, если в первый прием 1764 г. с трудом удалось набрать к открытию 16 человек и полностью первый возраст набрал 50 человек только к июлю 1765 г., то в 1791 г. к открытию занятий в Воспитательное общество было привезено несколько сотен девочек и даже при строгом отборе Совет Воспитательного общества по соизволению императрицы был вынужден принять в институт больше положенной нормы.

Смольный институт в девятнадцатом веке и начале двадцатого века

Процессы российской истории девятнадцатого века, безусловно, отражались на Смольном институте. Развитие системы женского образования в первой половине девятнадцатого века делает Смольный образцом для всех русских женских институтов. Реформы середины девятнадцатого века превращают Смольный в поле для новых экспериментов в области женского образования. Зависимость от двора создает неподражаемую стилистику жизни в Смольном и, хотя в течении девятнадцатого века институт неоднократно менялся в частностях, этот стиль он сохранял. И, к сожалению, в девятнадцатом веке Смольный навсегда утратил дух вольности и праздника, который был так характерен для эпохи Екатерины II. Приведу в качестве яркого примера отрывок из воспоминаний смолянки первой половины девятнадцатого века:

> Один раз в лето нас водили попарно в Таврический сад, отстоящий, как известно, недалеко от Смольного, по улицам тогда еще плохо застроенным и пустынным, так что мы почти никого не встречали, но все-таки в ограждение нас по бокам шли полицейские, и в это время в Таврический сад никого из посторонних не пускали.

> Придя туда, мы большей частью ходили попарно, разве на какой лужайке позволят нам побегать, зорко следя, чтобы не убежал кто в сторону. Потом опять собирали нас в пары и мы возвращались в Смольный в таком же порядке и в сопровождении тех же полицейских.

> Зимой в хорошую погоду водили попарно гулять в сад, а в дурную, так же попарно, через холодные, светлые, с каменным полом коридоры — в громаднейшую в два света пустую и холодную залу, кругом которой обводили нас раз пять так же по парам, после чего возвращали в классы. Зала эта, как говорили, при Екатерине II служила местом для спектаклей из воспитанниц, куда приезжала императрица со своим двором, но при нас эта зала стояла в запустении и не имела никакого значения…[12]

Как контрастирует это сумрачное описание заброшенных зал и одинокого шествия по пустым окраинам с первыми годами существования института, с сенсационным появлением просвещенных и благородных девиц среди толпы в Летнем саду! Но именно девятнадцатый век и превращает Смольный институт собственно в то учебное заведение, которое мы знаем.

Итак, новое время для Смольного начинается после смерти Екатерины II. Общество благородных девиц переходит в ведение жены императора Павла I императрицы Марии Федоровны. Ее взгляды на воспитание оказались определяющими для института. Как и Екатерина, Мария видела гораздо больше смысла в воспитании, чем в образовании, однако целью уже стало не воспитание новой породы людей, а воспитание идеальной матери (хотя не трудно заметить и определенного сходства — как для идеального подданного, так и для идеальной матери лишние знания не нужны). Так, когда Мария давала указания о преподавании физики, она писала начальнице Смольного института: «Мы бы желали, чтобы он (преподаватель. — А.Л.) ограничился некоторыми свойствами тел и явлениями в природе, которые могут пригодится молодым девушкам в обыденной жизни… Так сведения о дожде, снеге, граде и т. п. полезны девицам и при воспитании будущих детей».[13] С другой стороны, вряд ли речь может идти только об обскурантизме; скорее перед нами сторонник идей Руссо: твердость и добродетель — вот главное в воспитание женщины.[14] Мария Федоровна была уверена, что возвышает, а не унижает своих подопечных.

Императрица сразу приступает к реформам в Обществе благородных девиц. Был отменен младший возраст и дети стали приниматься с 8–9 лет, что объяснялось как состоянием здоровья детей и бессмысленностью раннего приема с точки зрения образования, так и воспитанием семейных чувств, необходимых для правильного развития души (это в корне расходится с идеями интерната первых лет его существования). Начиная с этого времени в институте было не четыре возраста, а три. Учрежденное императрицей Екатериной мещанское отделение при обществе (в которое набирались девушки низкого происхождения) ныне резко отделялось от благородного отделения: если раньше практически не было разницы в учебных программах и образе жизни, то теперь отделения получили разные программы, разные сроки обучения, и разное количество классов. Как писала сама императрица, «… их (отделений. — А.Л.) отношения совершенно различны и приобретение талантов и приятных для общества искусств, которое существенно в воспитании благородной девицы, становится не только вредным, но пагубным для мещанки, ибо это ставит ее вне своего круга и заставляет искать опасного для ее добродетели общества».[15] Более того, постепенно в мещанское отделение все чаще и чаще принимали дворянских детей, чьи отцы имели не высокий чин или принадлежали к неродовитому дворянству. В итоге эта часть Смольного была преобразована в отдельное учебное заведение — Александровский институт, сохранившее, правда, тесную связь со Смольным.

Были проведены значительные преобразования в программах преподаваемых предметов. Некоторые предметы, например, естественная история, были исключены. Были проведены кадровые перестановки и хозяйственные реформы. Дотошность, чтобы не сказать мелочность императрицы сказывалась во всем, вплоть до того, что она лично разрабатывала расписание занятий, лично выбирала модели из гипса для рисования, лично формировала программы обучения, лично редактировала учебник по домоводству (ибо «в качестве хозяйки женщина достойный и полезный член государства»). Она очень подробно вникала в быт учениц, интересовалась меню смолянок, состоянием их здоровья. Императрица расстраивала неподобающие, как ей казалось, для девиц браки, не соглашалась на помещение в институт незаконнорожденных. «[Я] не хочу, — писала она, — чтобы у воспитанниц института могла явиться даже мысль о каком либо ином рождении или родстве, кроме общего всем».[16]

Но, внимание Марии Федоровны к хозяйственным деталям обучения привело к таким положительным последствиям, как приобретение обществом нового здания. Первоначально общество размещалось в постройках Воскресенского Смольного монастыря, но в 1808 г. переехало в новое здание, построенное по проекту архитектора Кваренги. Именно этому дому и предстояло стать сегодняшним «Смольным».

Однако, наиболее значительным для статуса Воспитательного общества стало то обстоятельство, что Мария Федоровна создала или взяла под свое покровительство целую сеть новых женских институтов, для которых реформированный Смольный во многом становится образцом. Он станет одной из опор системы образовательных и благотворительных учреждений, которые потом войдут в русскую государственную систему под названием «Ведомство учреждений императрицы Марии».

Постепенно складывается тот набор правил и норм, по которому Смольный институт будет существовать в девятнадцатом столетии. Упорядочиваются правила по набору в институт, вводятся минимальные вступительные экзамены. Ни одна вакансия не закрывалась в Смольном без ведения императрицы, и институт все более приобретал черты не только учебного, но и благотворительного заведения, поскольку в случае нехватки мест Мария Федоровна помещала многих дочерей бедных, но, по ее мнению, заслуженных дворян обучаться за счет императорской фамилии. Особенно большое число таких девочек оказалось в институте после наполеоновских войн. Ввиду роста популярности института в него начинают принимать девочек, обучающихся за свой счет.

Были произведены также и существенные реформы в области организации преподавания. К самым важным из них стоит отнести учреждение должности инспектора классов, в обязанности которого входил контроль над учебным процессом и его организация, подбор квалифицированных учителей, а также поиск учебников или организация их создания учителями. Безусловно, работа инспекторов, даже если и не сказалась прямо на содержании обучения, серьезно отразилась на его уровне. За качеством преподавания следили, особенно в тех предметах, которые казались императрице важнейшими. Так, танцевать смолянок учила танцовщица Роз Дидло — лучшая учительница танцев в придворных кругах и жена великого танцовщика и балетмейстера Карла Дидло, церковному пению их обучал придворный певчий, а иногда хором смолянок руководил гениальный русский композитор Бортнянский (императрица очень любила русское духовное пение).

Логическим продолжением педагогического развития и благотворительного направления стала организация в Смольном институте класса так называемых пепиньерок (от франц. pépinière — «питомник для саженцев»): когда девушка показывала серьезные успехи в освоении программы, ее оставляли на три года для получения дополнительного педагогического образования, которое могло ей впоследствии пригодиться для получения места гувернантки или учительницы, если эта девушка была бедна и должна была бы зарабатывать на жизнь собственным трудом. Пепиньерские классы, фактически положившие начало женскому педагогическому образованию в России, просуществовали также до 1917 г.

Именно в этот период жизнь в Смольном приобретает те черты упорядоченности, однообразия, казарменности, с которым так часто связывается его образ девятнадцатого века. В институте сохранялся режим строгой изоляции: родители навещали детей по определенным дням в присутствии классных дам и разговаривать с детьми они могли только через специальную балюстраду, снесенную только в 60-е гг. девятнадцатого века; хотя в исключительных случаях — болезни или смерти родных — девушек отпускали, но только с личного разрешения императрицы. На каникулы девочки не разъезжались и занятия, пусть в менее напряженном режиме, продолжались и летом. Это не значит, что Смольный институт напоминал тюрьму; воспитанницы выезжали на осмотр императорских дворцов, совершали речные прогулки; императрица охотно показывала свой институт иностранным гостям. Но если в екатерининский период изоляция была составной частью просветительского проекта, то в начале девятнадцатого века она приобрела явно охранительный характер: институт не формировал, а уберегал добродетель.

Собственно, сформированный в эти годы стиль жизни Смольного во многом оказался законсервированным на долгие годы — вплоть до наступления эпохи реформ Александра II. После смерти Марии Федоровны, ее сын, император Николай I, передал все учреждения, состоявшие под покровительством своей матери в специальное ведомство, входившее в состав его личной канцелярии в качестве IV отделения.[17] Специальным указом устанавливалось, что «состав и порядок управления сих учреждений... остаются прежние без всякого изменения»,[18] а покровительство осуществлялось женой императора, новой императрицей — Александрой Федоровной.

Фактически со смертью Марии Федоровны подошла к концу эпоха непосредственной заинтересованности представителей царствующего дома в результатах работы Воспитательного общества как учебного заведения. В 1845 г. в России была проведена унификация всей системы женского образования: она была упорядочена, разделена на разряды, снабжена соответствующими разряду правилами, программами и инструкциями. Смольный институт «как высшее в своем роде заведение» был выделен в совершенно особое, первое отделение первого разряда. Смольный был единственным в своем роде по положению в этой иерархии, поскольку и его воспитанницы принадлежат к родовому дворянству, и программа обучения в нем считалась более полной, чем где бы то ни было, но, правда, как замечали авторы реформы, «не выходя однако за пределы потребности познаний женского пола».[19]

Сам дух женского образования этого периода прекрасно выражен в «Наставлении для образования воспитанниц женских учебных заведений» 1852 г. Наставление исходило из того, что «женщина, как создание нежное, назначенное природою быть в зависимости от других, должна знать, что ей суждено не повелевать, а покоряться мужу, и что строгим лишь исполнением обязанностей семейных она упрочит свое счастье и приобретет любовь и уважение как в кругу семейном, так и вне оного».[20] Поэтому в основу образования были положены следующие принципы: «1) избегать всего, что могло бы оскорблять скромность пола и возраста и что было бы противно понятию о нравственности, 2) не увлекаться умозрительными теориями, а применяться к возрасту и понятиям девиц, излагая все преподаваемое кратко, ясно и занимательно, 3) развивать у воспитанниц более силы нравственные и умственные, чем обременять одну память излишними подробностями» и т. д. Исходя из таких представлений о физических и интеллектуальных возможностях женщины, наставление предлагало, например, преподавая географию, как можно меньше говорить о формах правления; при преподавании иностранной литературы не только не допускать изучения текстов, оскорбляющих нравственность, но и вообще «избегать излишних подробностей»; что касается истории, то «наставление» прямо говорило о том, что исполнение «священных обязанностей» матери и супруги «и лучше и выше всяких познаний исторических».

Смольный стал флагманом новой системы и был подчинен формальному контролю со стороны соответствующих ведомств и комитетов. Это уменьшило непосредственное влияние монархов на жизнь института. Конечно, останутся визиты в институт государя, останется присутствие представителей царствующего дома на выпускных экзаменах, институтки будут посещать дворцы и парки царских резиденций, а Николай I будет лично инспектировать кухню Смольного института. Конечно, администрация общества, даже будучи во многих решениях формально самостоятельной, все делало с оглядкой на августейших покровителей, а те в свою очередь часто вмешивались в процесс обучения. Но все это именно покровительство, часть обязанностей монарха и не более того. В то же время начальство института будет стремиться к сохранению и укреплению традиций этого элитарного учебного заведения. Смольный окончательно стал твердыней консервативного образования, анклавом сословности и аристократизма.

Символом этой эпохи стала бессменная начальница института Мария Леонтьева, сама выпускница Смольного 1809 г. Она состояла в должности с 1839 г. по 1874 г. — 35 лет. Пожалуй, ни одна другая фигура не оставляет такого двойственного впечатления, как эта — настолько резок контраст между официальными изданиями и воспоминаниями, оставленными смолянками. Подобная двойственность сама по себе характеризует Смольный этого периода лучше, чем что бы то ни было. Так, если в книге, заказанной к юбилею Смольного, М. П. Леонтьева характеризуется как «искренне любящая детей», хотя и не проявляющая этой любви открыто,[21] то со страниц многих опубликованных и неопубликованных мемуаров начальница Смольного института предстает перед нами как человек холодный и невнимательный к воспитанницам, суровый в своем формализме. Например, в своем дневнике воспитанница 50–60-х гг. девятнадцатого века С. Маркова жаловалась на то, что начальница не разрешила им проститься с умершим инспектором Тимаевым на том основании, что «девицам неприлично прощаться с мужчиной».[22]

Тем не менее эпоха реформ,[23] наступившая в России с середины 50-х гг. девятнадцатого века, не миновала Смольный. В 1859 г. на должность заведующего учебной частью Смольного был назначен великий русский педагог девятнадцатого века Константин Ушинский. Именно благодаря его деятельности Смольный приобрел те модернизированные формы среднего учебного заведения, в которых он доживет до 1917 г. и которые будут приданы всем институтам ведомства императрицы Марии. Изменилась система классов: теперь ученицы стали учиться 7 лет по одному году в каждом классе (т.е. 7 лет, а не 9, как раньше), оставаясь в случае неуспешности на второй год. Наборы в институт, ранее происходившие раз в три года, теперь стали ежегодными. Девочек продолжали принимать с десяти-двенадцати лет, более старшие поступали в класс, соответствующий своему возрасту. При этом сохранялась традиция деления на возраста с соответствующей одеждой. Были изменены программы и длительность уроков. Значительно расширились программы обучения по литературе, истории, и географии; все предметы должны были преподаваться только на русском языке. Особенно расширялось преподавание в последнем классе, который фактически давал серьезные знания в области педагогики и методики преподавания.

Ушинский был убежденным сторонником семейного воспитания, поэтому воспитанниц стали отпускать на каникулы домой. Однако наибольшее значение имела та новая атмосфера, которую реформы привнесли в институт. Ушинский привел в институт новых талантливых учителей, которых сам тщательно подбирал. Уроки стали неформальны, интересны и увлекательны. То впечатление, которые вынесли смолянки этих лет, иначе как ощущением пробуждения назвать нельзя, причем не всегда такое пробуждение было приятным. Смолянка С. А. Маркова писала отцу в 1860 г. об Ушинском: «Я просто благоговею перед его непреклонным характером и умом. Его лекции так хороши, так неподражаемы, и между тем после них всегда остается неприятное чувство: сознание своей ужасной ничтожности… тяжестью ложиться на душу. Зачем я так неразвита и глупа?… К чему поведет такая бесцветная жизнь как моя? Мне даже жалко назвать свое существование жизнью».[24]

Но эти перемены так резко контрастировали с традициями и устоявшимися правилами Воспитательного общества, что конфликт между старым и новым был неизбежен. Больше всего поборников традиционализма раздражала именно вольная атмосфера, поддерживаемая новым инспектором. Кроме того, Ушинский был человек увлекающийся и резкий, в искренности своей бестактный и совершенно не владеющий даром бюрократической интриги. Не разделяя образование и воспитание, он стал активно вмешиваться в воспитательный процесс, который контролировался непосредственно начальницей института (уже введение каникул вызвало с ее стороны резкое противодействие). Ушинский чрезвычайно жестко критиковал классных дам за ретроградность и мелочность, боролся за отмену таких унизительных для учениц правил, как право чтения классными дамами частной переписки воспитанниц и т. д. К сожалению, все кончилось типично и уныло: сведение счетов и выяснение отношений привели к тому, что на Ушинского поступил донос, в котором его обвиняли, как водится в таких случаях, в критике начальства и политической неблагонадежности (что практически считалось одним и тем же), а также в неверии в Бога. В 1862 г. Константин Ушинский был вынужден подать в отставку, а вместе с ним ушли приведенные им учителя. Как в капле воды отразилась в этой истории судьба многих российских преобразований середины девятнадцатого века: не доведенные до логического завершения, встретившие отчаянное сопротивление, реформы Ушинского взбодрили институт, придали ему новый импульс, но так и не смогли превратить его в выдающееся учебное заведение.

Дальнейшие изменения в Смольном будут происходить в той мере, в какой они будут затрагивать все учреждения ведомства императрицы Марии. С одной стороны, в этом движении была собственная логика развития: преобразования, предложенные Ушинским, проходили долгий путь совмещения с нуждами повседневности институтов. С другой стороны, вокруг институтов бурлила жизнь: эпоха реформ Александра II затронула и систему образования в России самым серьезным образом, в том числе и женское образование. В 1862 г. в самом ведомстве императрицы Марии создаются женские гимназии — средние учебные заведения открытого типа. С 1870 г. такие же учебные заведения возникают и в общей системе просвещения. Таким образом, в течении 70-х гг. девятнадцатого века женщины получили определенный доступ и к высшему образованию, хотя и в условиях сегрегации. Реформы во всей системе образования не могли не повлиять и на закрытые институты, в том числе и на Смольный. Уже в 1861 г. был определен новый порядок приема в Смольный институт: на обучение было разрешено принимать дочерей всех потомственных дворян, а не только представительниц самых древних дворянских родов (правда, не за казенный, за свой счет). Это кажется чрезвычайно мелкой уступкой, но учитывая статус Смольного — перед нами чуть ли не революция. В это же самое время в других, более скромных дворянских институтах, дебатировалась идея о приеме купеческих дочерей.

В 1874 г. наступило время нового витка преобразований — был утвержден новый, общий для всех женских институтов учебный план. (Отмечу, что именно по этому учебному плану и учились девушки, изображенные на страницах публикуемого альбома. — *А.Л.*) Время классных занятий было уменьшено: урок занимал всего час, а не час пятнадцать, как раньше. Количество уроков было сокращено, а пением и музыкой ученицы должны были заниматься в свободное от классных занятий время. Главной задачей этих реформ было исправление выявленных недостатков реформы Ушинского, например, чрезмерных нагрузок учащихся. Уже через тринадцать лет был поднят вопрос о том, что и эти программы чрезмерно обременительны для институток, но до реформы дело не дошло в силу бюрократических неувязок. А дальше процесс пошел путем, известным любому историку образования: институт колебался между двумя основными идеями — между представлением об отсталости программ и сожалением о перегруженности детей. В 1905 г. в России началась новая волна реформ, связанных с революцией 1905–1907 гг., и Смольный, как и все учебные заведения империи, не избежал изменений. То, что казалось в 1887 г. слишком утомительным, теперь виделось просто устаревшим. С 1905 г. музыкальные занятия были включены снова в учебные часы, снова расширены учебные программы, причем настолько, что значительно превысили по некоторым предметам программы обычных женских гимназий. То, что получилось, опять назвали словом перегрузка, и снова начался долгий процесс согласования разных точек зрения, который в итоге вылился в учебную реформу институтов 1911 г.²⁵ Сам проект и материалы его обсуждения отложились в архиве института. Провозглашалось, что цель реформы «поднять уровень умственного развития воспитанниц, предоставив им больше времени для более серьезного, обдуманного приготовления уроков, для самостоятельных работ и внеклассного чтения, а также содействовать физическому развитию введением во всех классах гимнастики». Реформа исходила из того, что введенные в 1905 г. табели и программы оказались непосильны для детей и это сказывалось «на нервности и малой работоспособности учащихся». Начальница Смольного института, княгиня Е. А. Ливен, обсуждая предложения ведомства, резко возражала против предложения сократить часы на рукоделие, пение и рисование, считая, что это нанесет «ущерб эстетическому элементу воспитания, который до сих пор являлся характерным отличием институтского воспитания… с их уменьшением пострадает воспитательная сторона дела и институты могут спуститься до уровня гимназий». Вместо этого, по ее мнению, было необходимо сократить математику в еще больших объемах, чем это предлагали авторы проекта. Причем, поскольку речь идет уже об эпохе, в которую знания для женщины полагались важными, то, по мнению Е. А. Ливен, сокращения программ при уменьшении часов совершенно не обязательно, поскольку время необходимое для усвоения программы «скорее зависит от самодеятельности учащихся, их навыка учится и методов преподавания, чем от обилия проходимых фактов».²⁶ Перед нами поразительное упорство традиции — официально речь уже не идет о том, что образование в институте обусловлено сословными или гендерными особенностями. Решающий аргумент — эстетический и воспитательный, но в итоге институт все равно настаивает на своей исключительности, а науки, «несвойственные» женщинам, так и не будут пускаться на порог Смольного. Однако новые планы и программы было решено ввести только после трехлетнего эксперимента в 1914 г.

В мае 1914 г. институт праздновал 150-летний юбилей со дня своего основания. Произносились речи, присылались августейшие поздравления. Император Николай II в своем послании из Ливадии выразил надежду, что и впредь «Императорское общество благородных девиц, верное преданиям своего славного прошлого, с честью и достоинством будет выполнять свою высокую задачу»…²⁷ Но этим пожеланиям не суждено было сбыться…

Смольный институт в катастрофах начала двадцатого века

В 1914 г. началась Первая мировая война. Как и во многих учебных заведениях империи, в Смольном это событие вызвало патриотический порыв и желание чем-то помочь своей стране. Ученицы

Смольного института, как и во время войн девятнадцатого века, щипали корпию, готовили посылки на фронт, начинали изучать медицинское дело. Во время войны, поскольку многие крестьяне оказались на фронте, учащиеся Петрограда помогали в сборе урожая в деревнях. По утверждению историка Е. И. Жерихиной, смолянки также участвовали в этой помощи деревне.[28] Были отменены балы и праздники. Преподаватели института добровольно отчисляли из своей заработной платы часть денег в пользу государственных благотворительных фондов. Но кризис, в который все более и более втягивалась Россия, постепенно начал отражаться и на институте — среди воспитанниц появились дочери фронтовиков и погибших офицеров, постепенно ухудшались содержание смолянок и уровень жизни преподавателей. Преподаватели в 1916 г. уже не столько отчисляли деньги, сколько начали подавать прошения о внеочередных повышениях зарплаты «ввиду дороговизны и военного времени». Когда в январе 1917 г. умер инспектор классов Максим Прайс, его вдова испрашивала денег на похороны, поскольку сама оплатить их не могла.[29]

События 1917 г. оказались для Смольного парадоксальны: как аристократическое учебное заведение и один из символов старой, монархической России Смольный исчез вместе с рухнувшим режимом, однако случайности революции превратили его в символ новой власти. Летом 1917 г. в здание Смольного по приказу Временного правительства въехал Петроградский совет рабочих и солдатских депутатов.[30] Вряд ли здесь стоит видеть только сознательное уничтожение одного из знаковых для монархии учебных заведений; хотя это и не исключено, но никаких свидетельств об этом не сохранилось. Более очевидны утилитарные основания для такого решения: Смольный оказался ближайшим к месту бывшего расположения Совета зданием, где все комиссии и органы могли свободно разместиться, и которое располагало бы залом для заседаний. В условиях кризиса этот переезд мог состояться безболезненно. В августе 1917 г. Смольный институт был разделен: северная часть оставалась за институтом, а южная отходила Совету. Разумеется, о занятиях в таких условиях не могло быть и речи, появился проект «частичной эвакуации» Смольного.[31] Местом эвакуации был избран Новочеркасск; тогда считалось, что юг России более, чем какой-либо другой регион, сохранил монархические настроения. Кроме того, в Новочеркасске находился один из институтов Ведомства Марии Федоровны. В начале октября 1917 г. часть преподавателей и ученицы, чьи родители предпочли таким путем вывезти своих дочерей из революционного Петрограда, выехали в Новочеркасск, где они и жили, и учились на базе Мариинского Донского института, вместе с которым многие и эвакуировались из России в Сербию в конце гражданской войны. Однако многие предпочли остаться в России. Их жизнь мы можем себе представить по воспоминаниям дочери казачьего офицера Е. В. Калабиной:

> В 1919… папа устроил меня и Женю в Смольный институт благородных девиц, находившийся тогда в Новочеркасске. Последняя начальница Смольного полная седая княгиня Голицына и её дочь — сестра милосердия, кое-кто из учительского состава, нянечек и воспитанниц жили в институте постоянно и носили его форму. Мы же с Женей были «приходящими» и ходили в своём платье, хотя инспектриса Кологривова предлагала принять нас на стационар. Зная, что смолянки постоянно голодают, мы отказались от предложения инспектрисы и, получая при белых паёк в 200 г чёрного хлеба, отдавали его тем, кто жил в институте… При красных его положение еще более ухудшилось… Женя училась в одном классе с Ариадной Скрябиной, дочерью известного композитора… красивой и очень похожей на отца девочкой… Ариадна была влюблена, вернее, на институтском языке, обожала нашу историчку, называла её «Афиной Палладой». Однажды в понедельник историчка пришла на урок и попросила девочек, чтобы они не очень шумели, так как накануне она целый день лепила из навоза кирпичи для топки (ведь Донская область — степная). Ариадна удивлённо спросила учительницу: «Вы сами лепили из навоза?», и «Афина Паллада» спокойно ответила: «Конечно, это делала я. Кто же за меня будет делать?» На это Ариадна взволнованно воскликнула: «Сказали бы мне, я пришла бы и всё сделала!»… Мы, дети из обеспеченных интеллигентных семей, в то тяжёлое время стыдились сказать вслух, что кому-то в поисках пропитания приходится, например, собирать совсем зелёные листья капусты. Будучи всегда голодной, я однажды подняла на улице с земли кем-то брошенный огрызок яблока и с удовольствием его съела, думая только о том, какой же это счастливец мог позволить себе так плохо объесть яблоко… Ариадна же была готова помочь учительнице лепить кирпичи из навоза (!) и не стыдилась этого.[32]

Как в капле воды в этом эпизоде отразилась парадоксальность переходной ситуации, сохраняющей старые обычаи в новых формах. Преподавательница дворянского института, приготовляющая топливо из коровьего дерьма, ученицы института, подбирающие на улице яблочные огрызки — и в то же время налицо устойчивость институтских норм: сохраняется институтский обычай обожания (о нем ниже); автор демонстрирует типично институтское восхищение поступком, который по институтским меркам считался «отчаянным», и в то же время пытается сохранить достоинство, никому не рассказывая о трудностях своей жизни.

Удивительно, но в то же самое время в самом здании Смольного происходили схожие процессы слома норм и правил, однако если в Смольном институте в Новочеркасске они осмыслялись как трагедия, то в Смольном институте в Петрограде — как победа. Через три недели после выезда смолянок в Петрограде произошел большевистский переворот, к власти пришла наиболее радикальная левая партия, входившая в Петроградский совет. Смольный в 1917 г. стал центром революции и это обстоятельство переосмыслялось современниками в символическом ключе. Многие из тех, кто оказывался в этот период в Смольном, подчеркивали контраст между прошлым и настоящим институтского здания. Так известный американский журналист Джон Рид писал в своей книге «Десять дней, которые потрясли мир»:

> При старом режиме здесь помещался знаменитый монастырь — институт для дочерей русской знати, опекаемый самой царицей… В нем было больше ста огромных пустых белых комнат, уцелевшие эмалированные дощечки на дверях гласили: „Классная дама", „IV класс", „Учительская". Но теперь над этими дощечками уже были видны знаки новой жизни — грубо намалеванные плакаты с надписями: „Исполнительный комитет Петроградского Совета" … или „Бюро иностранных дел"…[33]

Многие воспоминания, собранные впоследствии, противопоставляют чистоту старого Смольного грязи, которую принесли с собой рабочие и солдаты.

> Сотни и тысячи прокопченных, замасленных тужурок и серых шинелей пробивали себе дорогу в коридорах, спеша куда-то, тыкаясь и наскакивая друг на друга… Было грязно, заплевано, пахло махоркой, сапогами, мокрыми шинелями… В коридорах чувствовалось биение пульса революционного Смольного… По коридорам густыми серыми струями текут патрули, команды, пикеты… От духоты, от горячего пара человеческих тел замутились электрические лампочки под сводчатым потолком…[34]

Но с точки зрения самой новой власти и ее сторонников, эта грязь была синонимом новой жизни, а чистота и стерильность — символом погибшего старого мира.

Как место новой власти Смольный воплощал все ее функции: здесь находились новые министерства, состоявшие подчас из одного человека, дивана и таблички над диваном, здесь же на третьем этаже в одном из помещений для умывания была устроена тюрьма.[35] Так, в хаосе и грязи людского муравейника, пришедшего на смену благородным девицам, Смольный институт входил в новую эпоху своей истории.

Повседневность смолянок

В нашем распоряжении не очень много воспоминаний и дневников смолянок, но и сохранившегося достаточно, чтобы посмотреть на повседневную жизнь Смольного не только с ее официальной, но и с внутренней стороны.[36]

Особенно внимание, по мере возможности, мы обратим на эпоху, которая соответствует публикуемому альбому. В силу ограниченности объема здесь мы посмотрим только на самые общие черты повседневности смолянок, однако в комментарии к альбому затронем некоторые темы подробнее.

К концу девятнадцатого — началу двадцатого века сложилась сложная и многоступенчатая система поступления в институт. Расхожее мнение о том, что в Смольный принимались девочки из высшего света, является заблуждением: как раз высший свет предпочитал в девятнадцатом веке домашнее образование для девушек. Институт во многом носил благотворительный характер и туда принимались представительницы часто чрезвычайно бедных дворянских фамилий. Девочки из аристократических семейств были исключением, а не правилом. Элитарность института обеспечивалась, прежде всего, личным покровительством монарха, местом института в системе женских учебных заведений, древностью, а вовсе не благосостоянием рода и чином отца девушки (он должен был быть не ниже полковничьего или чина статского советника в гражданской службе). Учиться могли девицы дворянского происхождения за счет государства, благотворителей или ведомств, а также за собственный счет. Желающие до 20 марта подавали прошения, при которых присылались документы, свидетельствующие о заслугах отца, о происхождении ребенка, медицинское освидетельствование девочки, а в случае смерти одного из родителей — соответствующее свидетельство: сироты и полусироты имели преимущество при поступлении на бесплатные места. В этом сказывалась благотворительная направленность института (именно так, видимо, и попала в институт владелица публикуемого альбома). Отсев шел уже при разборе поданных заявок. Некоторые случаи разбирались индивидуально, и решения не всегда принимались на формальных основаниях: время размывало устоявшиеся границы и правила. Так, в 1904 г. поступило прошение от чиновника низшего класса — коллежского асессора Александра Владимировича Иславина, о зачислении его дочерей Елены и Ольги «кандидатками на поступление и на капиталы стипендиатками». По рангу отца девочки не имели права на такое поступление в Смольный, но женой чиновника была светлейшая княжна Т. Г. Грузинская — бывшая смолянка. И Совет принял решение о зачислении их в кандидатки на получение вакансий.[37] Безусловно, в середине девятнадцатого века о подобных вольностях и думать не приходилось. Отобранные кандидатки допускались к баллотировке: бесплатные вакансии распределялись по жребию. Те, кому не доставался счастливый жребий, но они были отобраны в качестве кандидаток, могли поступать за свой счет. Обучение стоило в середине девятнадцатого века 350 рублей в год, к началу двадцатого века плата возросла до 400 рублей, что было достаточно дорого — в начале двадцатого века стоимость обучения в женской гимназии доходила до 200 рублей в год (в частных учебных заведениях с пансионом), стоимость обучения с пансионом на Бестужевских курсах (дававших высшее женское образование) составляла 300 рублей; а жалованье офицера с чином полковника или генерал-майора (а именно они составляли большинство отцов, отдававших своих детей в Смольный) составляло от 1200 до 1500 рублей в год (правда, без учета надбавок, которые могли увеличивать сумму в 1,5–2 раза). Администрация института постоянно боролась за своевременную оплату и даже требовала гарантий, предоплаты и поручительств. Сохранилось дело одной из воспитанниц института, отец которой не внес своевременно плату за обучение дочери, и тогда администрация института пригрозила не отцу, а его поручителю, что в случае невыплаты «совет, к крайнему сожалению, вынужден будет обратиться к содействию полиции о взыскании этой недоимки».[38] Также претендентки могли претендовать на места стипендиаток частных благотворителей или государственных ведомств. Больше всего стипендиаток содержало Военное министерство — в начале двадцатого века оно оплачивало 21 вакансию.

Большинство смолянок вспоминало о смешанном составе учениц. К примеру, учившаяся в 60-х годах девятнадцатого века Мария Вакуловская считала, что большинство ее соучениц — «девицы среднего круга». Среди них было мало генеральских дочерей или дочерей высокопоставленных чиновников. «Если встречались фамилии титулованные или громкие без титула, то представительницы их были большей частью небогаты, принадлежали как бы к захудалым линиям. Казалось они с неба падали в институт, жили в нем бесконечно, никем почти не навещаемы и не имея средств к улучшению своего быта в заведении».[39] Ей вторит ученица 40-х гг. А. И. Соколова:

Состав015 994 012 014 015 014институток был самый разнообразный… Тут были и дочери богатейших степных помещиков, откормленные и избалованные на обильных хлебах, среди раболепного угождения бесчисленной крепостной дворни… И рядом с этими румяными продуктами российского чернозема находились чопорные и гордые отпрыски феодальных остзейских баронов с их строгой выдержкой, с их холодно-презрительным тоном… Тут же и бледные, анемичные маленькие петербургские аристократки навещаемые великосветскими маменьками и братьями-кавалергардами… и рядом с этим блеском галунов, аксельбантов и сиятельных титулов внезапно вырастала неуклюжая и полудикая девочка, словно волшебством занесенная сюда из глухого захолустья и поступившая в число воспитанниц аристократического института — единственно в силу того только, что ее дед и отец — чуть ли не однодворцы — значились записанными в 6-ю, или так называемую «Бархатную книгу».[40]

Как и во всяком интернате, жизнь девочки в Смольном начиналась с разлуки с родными, страха перед неизвестностью, и только постепенно она втягивалась в незнакомую ей жизнь. Этот травматический момент переживался каждой по-разному и воспоминания о первых днях в институте могли различаться:

> [К]оридор показался мне настоящей темницею, до того он был мрачен… Здесь мне сделалось так грустно, что я не знала, как мне скрыть слезы, выступившие у меня на глазах… Утро было еще ужасней. Только что я проснулась, мною овладела такая невыносимая тоска, какой я никогда не испытывала и в которой до сих пор я не могу дать себе отчета. Тогда я заткнула уши и бросилась лицом в подушку, так лежала я несколько минут и когда тоска уменьшилась, я начинала вставать и так продолжалось более месяца… Неужели, думала я, всегда мне здесь будет так дурно. О, как счастлива я была дома, там всякий взгляд моих родных дышал любовию ко мне…; здесь же все смотрят на меня какими-то странными глазами, а иногда по их лицам мелькала насмешливая улыбка. Боже, что за мучение, повторяла я и рыдала.[41]

Но девочки с более твердым характером, видимо, переживали эти моменты легче. Писала смолянка 70-х гг:

> Я вообще была не из плаксивых… Только когда наконец с меня сняли мое домашнее, очень скромное платье и надели на меня длинное до полу, тяжелое камлотовое платье кофейного цвета, белый длинный полотняный передник и белую же пелеринку, мне сделалось как будто холодно и горло сдавило. Но все было так ново и интересно кругом и шло так быстро одно за другим, что думать было некогда, и я вошла сама того не сознавая как бы в другую, новую и интересную для меня жизнь… Я скоро привыкла к обиходу института. Мне очень пришлась по вкусу и по характеру тихая, чистоплотная и размеренная жизнь, полная труда и в то же время веселая от присутствия стольких подруг.[42]

Следующим по важности впечатлением для воспитанницы Смольного являлась процедура переодевания. Девочки должны были носить форменные платья, причем каждому классу соответствовал свой цвет. Сами эти цвета и их соответствия возрастам претерпевали изменения согласно моде, административным инициативам и финансовым возможностям института. В начале, согласно уставу 1764 г. смолянки делились на четыре возраста со следующим цветом одежды: от 5–6 до 9 лет — одежда коричневого цвета, от 9 до 12 — голубого. Третий возраст, от 12 до 15 лет, одевался в серый цвет, и девушки последнего возраста, от 15 до 18, должны были носить платья белого цвета. После преобразований Марии Федоровны ситуация изменилась. Как вспоминала смолянка 60-х гг. девятнадцатого века, 7 и 6 классы носили коричневые платья, 4 и 5 — средние классы — носили платья голубые, старшие девочки 3 и 2 класса носили зеленые платья, а первый класс носил серые платья. Ко времени издания публикуемого альбома расцветка изменилась еще раз и согласно официальным документам выглядела так:

> Платья воспитанниц… шьются для 1 класса из белого камлота, 2 и 3 класса из зеленого, 4 и 5 из голубого, 6 и 7 из камлота темно-бордо… (это значит, что во время создания публикуемого альбома младшие классы носили не коричневые, а бордовые платья. — А.Л.) … покрой платья — юбка состоит из четырех полотнищ, для маленьких — трех с половиной, перед скошенный, остальные полотнища прямые, внизу на юбке складка в четыре сант, пришивается юбка к лифу впереди гладко, на боках складки, сзади сборками. Лиф открытый со шнипом впереди, на костях, застежка на спине, рукав короткий, узкий, прямой, оканчивается широким биэ в 4 сант.[43]

Сверху надевались пелерины и подвязывались нарукавники, парадный вид в основном придавался с помощью передников.

Многие вспоминали, что сама одежда и особенно белье удивляли своей простотой; платья постоянно перешивались, подгоняясь по фигуре, а башмаки были простые, на резиновой подошве, их носили и в 60-х и в 90-х гг. девятнадцатого века. Форма сглаживала социальные различия, и приобщала к новой иерархии, различаемой по цветам. Стать белой — одно из самых заветных мечтаний смолянки. «Наконец мы можем воскликнуть: „Мы белые!" Наш класс облекся в одежду белых! Будучи в кофейном классе, я никогда не могла вообразить себя „белою". Белые казались мне совершенно особенными людьми…» — писала в своем дневнике Варвара Быкова, ученица 30-х гг. девятнадцатого века.[44] Это ощущение оставалось значимым для смолянки и десятилетия спустя: «1857 год. 6 апреля. Сегодня мы надели белые платья! Важная эпоха в нашей жизни! Теперь мы старшие и с гордостью смотрим на голубой класс. Уже часто слышится: „голубые, не забывайтесь перед белыми!"».[45] С наступлением эпохи реформ и введением поклассного обучения процедура переодевания стала также и знаком отставания: «…те, кто в третьем классе остались на второй год, должны были из зеленых переодеться в раз уже оставленные голубые, зачислиться из старшего в средний возраст и вернуться в прежние дортуары и отделения, чем они были крайне смущены».[46] Эта иерархия цветов с соответствующими правилами и нормами поведения оказывала серьезное воздействие на поведение девочек. Наиболее отчаянными и шаловливыми слыли голубые — девочки переходного возраста, способные на всякие шалости и баловство.

> Этот класс, составлявший переходную ступень от младших к старшим, был в постоянном

разладе сам с собой и в открытой вражде со всеми. «Голубые» дрались со старшим («белым») классом, впрочем, носившим темно-зеленые платья, дразнили маленьких из класса «кофейного»... и даже иногда дерзили классным дамам — это было что-то бурное, неукротимое, какая-то особая стихийная сила среди нашего детского населения...[47]

Воспитанниц распределяли по классам, которые делились на отделения. До реформ начала 60-х гг. отделения состояли из воспитанниц одного уровня успеваемости, после реформ класс делился на отделения Невское и Городское примерно по 25–30 человек в каждом в зависимости от свободных мест. Отделения учились порознь, и каждое отделение спало в своей спальне — дортуаре. Смолянки, вспоминая о своем прошлом употребляли слова «мое отделение» или «мой дортуар» так, как сейчас говорят «мой класс». К каждому классу были прикреплены две классные дамы, в задачу которых входило поддержание дисциплины на уроках и во внеурочное время, замещение отсутствующих преподавателей, помощь при подготовке уроков и вообще весь воспитательный процесс. Одна из двух классных дам жила в комнате, примыкающей к спальням воспитанниц.

Режим дня смолянок был достаточно строг. С середины девятнадцатого века день начинался с 6 часов, потом два часа отводилось на молитву дортуара и туалет, в 8 часов была общая молитва института и завтрак. С 9 часов начинались уроки. Они продолжались до 12 часов, после чего был обед и прогулка. С 14 до 17 часов — снова уроки, в 17.00 — чай, потом отводилось время на подготовку к занятиям. В 20.00 ужин и после него начиналась подготовка ко сну. В начале двадцатого века режим изменился в соответствии с новыми представлениями о здоровом образе жизни: вставали уже в 7 часов, а ужин был перенесен на 5–6 часов вечера, в то время как чай пили уже после 8 вечера.[48]

Однообразие и замкнутость жизни в институте создавали совершенно особую атмосферу, в которой жили девочки. Любое изменение в постоянстве повседневности воспринималось как праздник. Поэтому смолянки запоминали и выезды на природу, и посещение царских резиденций и катание на пароходах по Неве. Визит представителя царской фамилии воспринимался с восторгом — не только из-за монархизма девочек, но и потому, что вносил сумятицу и сбой в налаженную жизнь интерната. Как показывают архивные документы, в начале двадцатого века многие визиты императрицы заканчивались ее повелением «освободить воспитанниц от классных занятий на три дня». Ну как тут не любить монарха?[49] Еще более яркую картину антидисциплинарной подоплеки монархического радости смолянок дает неопубликованный дневник С. Марковой, в котором она описывает, как в суматохе и сутолоке в толпе, сопровождавшей монарха, смолянки просто колотили и щипали своих классных дам, сводя с ними счеты.[50] Таким образом ситуация иногда складывалась парадоксальная — изнанкой верноподданнической манифестации оказывался протест и подрыв иерархии.

Это, кстати говоря, всегда необходимо учитывать — наличие парадной, официальной, и изнаночной стороны жизни Смольного. Парадная сторона не предусматривала наличие изнанки вообще, поэтому все неприятные моменты затушевывались и не признавались. Так, в 1907 г. две воспитанницы Смольного института совершили попытку самоубийства, одна из них погибла, вторая осталась жива. Однако, никаких упоминаний об этом событии в личных делах учениц нет. Причиной смерти одной стал «перелом основания черепа», а оставшаяся в живых была удалена из института «согласно прошению родителей».[51] Единственным последствием этих печальных событий стала тотальная проверка психического здоровья смолянок и настоятельные попытки заставить родителей тех, чье состояние вызвало опасения у врачей, забрать их из института.[52] Умолчание и удаление — достаточно типичная реакция администрации смольного института на подобные эксцессы.

Потаенность многих сторон жизни Смольного института, его изолированность и герметичность в девятнадцатом веке создавали среду для распространения разнообразных слухов и сплетен. Надо сказать, что слухи и сплетни возникали не только вне стен института, но и внутри него. Некоторые смолянки сами их провоцировали. Так сохранилось воспоминание о воспитаннице, которая привезла с собой с каникул военный мундир и сапоги со шпорами, загримировалась и в таком виде расхаживала по коридорам Смольного, здороваясь с классными дамами.[53] Яркое описание того, как распространялись слух оставила в своем дневнике С. Маркова: сначала разнесся слух, что на Неве нашли записку, в которой было написано кровью, что скоро взорвут пороховой завод, находившийся недалеко от Смольного.

> Мысль, что когда взорвет завод, то и Смольному не миновать гибели, ужасала нас. В тот же день вечером, по приходе в спальни мы увидели, что кто-то стоял, облокотившись на решетку, окружающую смольный. Одежда этого человека была так странно перепутана, что никак нельзя было узнать кто это был — мужчина или женщина. Mesdames!, это англичанин приехал снять план с монастыря, чтобы взорвать его! сказал кто-то из наших. Все подтвердили тотчас же эту мысль и решили, что надо предостеречь классных дам, собрать вещи и просить родных взять нас на некоторое время домой. Все уложились и ожидали дня приезда родных. Каково же было наше разочарование, когда на другой день мы узнали, что этот снимающий план англичанин был никто иной как коровница, которая стерегла своих коров.[54]

То призрак будет расхаживать по страшным коридорам (потом он окажется служанкой), то вор и убийца будет подниматься из подвалов и ходить по этажам — весь этот институтский фольклор, вполне естественно доходит до нас в воспоминаниях и вполне типичен для ученической среды пансиона.

Слухи об амурных похождениях смолянок в основном не соответствовали действительности, что, правда, могло быть следствием довольно строгой изоляции, а вовсе не строгой морали. Девочки могли вести себя вполне игриво: у нас сохранились записи в дневнике смолянки С. Марковой (50-е гг. девятнадцатого века), в которых она рассказывает, как смолянки отчаянного голубого возраста решились завести роман с офицерами-черноморцами, вернувшимися с Крымского фронта. В эти отношения оказались вовлечены и белые девушки. Смолянки и офицеры переписывались, офицеры, подплывая в лодке со стороны Невы, пели девушкам серенады. Но кончилось все очень плохо: офицеры проникли на территорию института и подглядывали за купающимися смолянками, кроме того, начальство перехватило записки старших смолянок к офицерам. Одну из белых выгнали, другую строго наказали. В коридорах замазали нижние окна, выходившие на улицу, запретили подходить к окнам спален, и перед Смольным стал ходить полицейский. «Прежнее спокойствие стало воцаряться в нашей однообразной жизни» — с сожалением пишет автор дневника.[55]

С другой стороны, замкнутая жизнь в девичьем коллективе рождала особые формы отношений, которые на институтском сленге назывались «обожание». Смолянка должна была кого-то «обожать». Она выбирала предмет обожания среди учителей, классных дам, членов царствующего дома; но чаще всего объектом обожания становились ученицы старших классов или одноклассницы. В большинстве случаев это было достаточно невинно: обожательница должна была оказывать объекту поклонения различные знаки внимания, при встрече посылать воздушные поцелуи и комплименты. Можно было совершать разнообразные подвиги в честь своего объекта поклонения — например, сделать сто земных поклонов или съесть шкуру от апельсина. Наивысшим счастьем считалось добиться знака внимания от объекта обожания. В этом обычае смешались романтические представления о рыцарской любви с типично интернатским отношением старших к младшим. Эти отношения редко перерастали в настоящую дружбу; сведений о сексуальных связях не сохранилось. Довольно типичным для этой ситуации текстом является чудом сохранившаяся записка, отправленная в лазарет предмету своего обожания от обожающей одноклассницы:

> Я думаю, ты очень удивишься, получив мою записку; что меня заставило написать тебе, я не могу объяснить, да я думаю, тебе все равно,

знать причину или нет. Я знаю, что ты никогда не обращала на меня внимания, но все же думаю, что ты на меня сердишься и потому прошу у тебя забыть все что было между нами и если делала тебе какие-нибудь неприятности, то простить их. Прошу тебя разорвать мое письмо, а впрочем, делай с ним, что хочешь. Надеюсь, что при выходе из лазарета, я встречу тебя как любимую и добрую подругу. Умоляю, не будь горда и напиши два слова в ответ. В. С.[56]

Собственно, придуманные переживания и сконструированные страдания, наполняющие вакуум пансиона, и есть главный смысл обожания.

***

Вместе со Смольным заканчивается история женского образования в России как специальной институции. Как бы мы не относились к Смольному, но то образовании, которое он давал, было одним из лучших в России до 1917 г. Что же касается воспитания, то из Смольного выходили разные люди — и образованные, и не очень, и порядочные, и не совсем. Как писал сын одной из смолянок, художник А. П. Боголюбов: «О матери я сохранил самые высокие и прелестные воспоминания. И ежели есть во мне что-то порядочное и доброе, то это вскормлено ее чутким умом и высокой нравственностью».[57] Другой же человек, писатель второй половины девятнадцатого века, Влас Дорошевич, ненавидел свою мать, бросившую его, незаконнорожденного, во младенчестве. Матерью Дорошевича также была выпускница Смольного института. Как и большинство учебных заведений, институт создавал те или иные условия для развития личности, но, вопреки ожиданиям своих создателей, не давал никаких гарантий. Однако все равно подавляющее большинство смолянок сохранило об институте хорошие воспоминания. И именно потому завершить свой краткий обзор я бы хотел словами из неопубликованных воспоминаний смолянки Марии Вакуловской. Я уверен, что эти простые и взвешенные слова были бы одобрены большинством выпускниц Смольного.

> Шалуньям и эксцентричным девушкам институт обязан, конечно, неверному мнению, которое о нем всегда существовало. Так много ложных заключений можно сделать читая повести и рассказы, писанные людьми, которые с жизнью этих заведений вовсе незнакомы… воспитанниц рисуют сентиментальными, наивными,… между тем, как большинство девиц выходят из общества прекрасно подготовленными к жизни, с твердыми правилами… Вообще институтское воспитание развивает смысл и дает известный такт в жизни, приучает не бросаться в крайности, распределять правильно время, заботиться самим о мелочах, к внешнему порядку, к обдуманной речи, к исполнению долга, ко всему, что может служить человеку в борьбе с невыгодными обстоятельствами жизни.[58]

Примечания

1. И. И. Бецкой, *Собрание учреждений и предписаний, касательно воспитания в России обоего пола, благородного и мещанского юношества* (СПб.: Б. и., 1789), т. 1, 5.

2. И. И. Бецкой родился в Швеции, был незаконнорожденным сыном русского князя и шведской баронессы, в течении своей жизни часто бывал в Европе, а на русскую землю впервые вступил в 14 лет.

3. Цит. по. Н. Я. Эйдельман, *Мгновенье славы настает… Год 1789* (Л.: Лениздат, 1989), 24.

4. *Полное собрание законов Российской Империи* [ПСЗ], т. 16, № 12154: 742–755.

5. *Устав воспитания двухсот благородных девиц учрежденного Ея Величеством Государынею Императрицею Екатериной Второю, Самодержицею Всероссийскою, Материю Отечества и протчая и протчая и протчая* (СПб.: Б. и., 1764), 24.

6. Цит. по Н. П. Черепнин, *Императорское воспитательное общество благородных девиц. Исторический очерк. 1764–1914* (СПб.: Б. и., 1914–1915), т. 1, 146–147.

7. *Институтки: Воспоминания воспитанниц институтов благородных девиц* (М.: НЛО, 2008), 37–38.

8. Черепнин, указ. соч., т. 1, 121.

9. Эйдельман, указ. соч., 39.

10. Черепнин, указ. соч., т. 1, 201.

11. Цит. по М. М. Щербатов, *О повреждении нравов в России* (М.: Imwerden, 2001), 40.

12. М. С Угличанинова, «Воспоминания воспитанницы сороковых годов», в *Институты благородных девиц в мемуарах воспитанниц*, ред. Г. Мартынов (М.: Ломоносовъ, 2013), 73.

13. Черепнин, указ. соч., т. 1, 424.

14. Е. О. Лихачева, *Материалы по истории женского образования в России. 1086–1856* (СПб.: Тип. М. М. Стасюлевича, 1899), ч. II, 13.

15. Лихачева, указ. соч., ч. II, 9.

16. Лихачева, указ. соч., ч. II, 148.

17. Нелишним будет напомнить читателю, что второе отделение этой канцелярии занималось разработкой российского законодательства, а знаменитое третье отделение фактически было тайной полицией Империи. Это не значит, что благотворительные и образовательные учреждения императрицы Марии были одной из несущих конструкций империи; но включение их в состав личной канцелярии демонстрировало личную вовлеченность императора в управлении наследством матери и его покровительство этим учреждениям. Именно эти учреждения и станут в будущем «Ведомством Императрицы Марии».

18. ПСЗ, собрание 1825-1881, т. 3.948. № 2379.

19. Лихачева, указ. соч., ч. III, 112.

20. Цит. по Лихачева, указ. соч., ч. III, 139.

21. Черепнин, указ. соч., т. 2, 111.

22 ОР РНБ. С. А Маркова, Дневник 1853–1860 гг. Ф. 1000, оп. 2, ед. хр. 817, л. 13.

23 В середине девятнадцатого века в России начнется подготовка к реформам, положившим начало модернизации империи. В 1861 г. будет отменено крепостное право (фактически рабство, поскольку оно предусматривало владение и распоряжение дворянами личностью, трудом и имуществом крестьян). Это неминуемо повлекло за собой преобразования во всех сферах жизни империи—последовали реформы управления, суда, образования, армии и т.д.

24 Маркова, указ. соч., л. 43–об. 44.

25 Подробнее о реформах этого периода см. Черепнин, указ. соч., т. 2.

26 ЦГИА СПб. Ф. 2, оп. 1, д. 17603, лл. 25–29.

27 Черепнин, указ. соч., т. 2, 622.

28 Е. И. Жерихина, *Остров благотворительности — Смольный* (СПб.: Алаборг, 2009), 220.

29 ЦГИА СПб. Ф 2, оп. 1, д. 13875, л. 157.

30 Петроградский совет рабочих и солдатских депутатов — неформальный орган революционной власти в Петрограде. Организовался стихийно, во многом противостоял официальному органу революционной власти — Временному правительству, в основном состоявшему из представителей парламентских партий. Благодаря своей революционности, совет был чрезвычайно популярен в массе солдат, рабочих и городских низов столицы и России и его решения во многом приходилось признавать и правительству.

31 ЦГИА СПб. Ф. 2, оп. 1, д. 19055, л. 4.

32 Е. В. Калабина, «Воспоминания», *Вопросы истории* 11–12 (1996): 114–119.

33 *Д. Рид, 10 дней, которые потрясли мир* (М.: Государственное издательство политической литературы, 1957), 49.

34 *Смольный. Материалы историко-революционной экскурсии* (М.-Л.: Работник просвещения, 1930), 26–27.

35 П. Н. Краснов, *На внутреннем фронте* (М.: Айрис-пресс, 2003), 199–200.

36 Прежде всего стоит упомянуть воспоминания М. С. Угличаниновой, А. И. Соколовой, А. С. Ешевской, из неопубликованных воспоминаний внимания достойны прежде всего воспоминания М. Вакуловской. Одна из наиболее резких отрицательных оценок Смольного содержится в воспоминаниях Е. Н. Водовозовой, но она училась на мещанской половине. К сожалению, дневников смолянок в нашем распоряжении только два — опубликованный (видимо с соответствующей цензурой) еще в девятнадцатом веке дневника Варвары Быковой 30-х гг., и неопубликованный дневник Софьи Марковой, ученицы конца 50-х– начала 60-х гг. девятнадцатого века. В последнем содержатся подробности жизни Смольного, редко выносившиеся на обсуждение широкой публики. Следует сказать, что сюжеты, затронутые в воспоминаниях, обычно стереотипны. Память производила строгий отсев, и по прошествии

многих лет оставался вполне предсказуемый осадок самых сильных впечатлений жизни в Смольном: первые дни, классные дамы, пища и режим повседневной жизни, события, вырывающиеся за рамки повседневности — такие как посещение представителей царской фамилии или выезды за пределы Смольного.

37 ЦГИА СПб. Ф. 2, оп. 1, д. 295. Журнал заседаний Совета, л. 24.
38 ЦГИА СПб. Ф. 2, оп. 1, д. 13125, л. 19 об.
39 ЦГИА СПб. Ф. 2, оп. 3, д. 43, л. 22.
40 А. И. Соколова, «Из воспоминаний смолянки», в *Институты благородных девиц в мемуарах воспитанниц*, ред. Г. Мартынов (М.: Ломоносовъ, 2013), 89.
41 Маркова, указ. соч., лл. 2–3.
42 А. С. Ешевская, «Воспоминания о Смольном», в *Российский Архив: История Отечества в свидетельствах и документах XVIII—XX вв.: Альманах* (М.: Студия ТРИТЭ, 2001), т. XI, 352–409.
43 ЦГИА СПб. Ф. 2, оп. 1, д. 16133, Циркуляры, л. 154.
44 В. Быкова, *Записки старой смолянки* (Санкт-Петербург: Типография Е. Евдокимова, 1898–1899), т. 1, 15.
45 Маркова, указ. соч., л. 7 об.
46 ЦГИА СПб. Ф. 2, оп. 3, д. 43, л. 115.
47 Соколова, указ. соч., 91.
48 ЦГИА СПб. Ф. 2, оп. 1, д. 17603, л. 28.
49 ЦГИА СПб. Ф. 2, оп. 1, д. 16134, л. 9.
50 Маркова, указ. соч., лл. 31–31 об.
51 ЦГИА СПб. Ф. 2, оп. 1; Ф. 2, оп. 1, д. 16060, л. 1; ф. 2, оп. 1, д. 16208, л. 1.
52 ЦГИА СПб. Ф. 2, оп. 2, д. 348, л. 18.
53 ЦГИА СПб. Ф. 2, оп. 3, д. 43, л. 58.
54 Маркова, указ. соч., л. 3 об.
55 Маркова, указ. соч., л. 7.
56 Маркова, указ. соч., лл. 70–71.
57 Жерихина, указ. соч., 94.
58 ЦГИА СПб. Ф. 2, оп. 3, д. 43, лл. 60–61.

An Album of the Imperial Educational Society of Noble Maidens

Commentary

Written by Alexander Liarsky

Translated by Karen L. Freund and Katherine T. O'Connor

Альбом Императорского Воспитательного Общества Благородных Девиц

Комментарий

Александр Лярский

Introduction

In the late nineteenth and early twentieth centuries, many educational institutions in Russia published albums of photographs connected with either a specific graduating class or on the occasion of an anniversary celebration. In this context, the published album is a fairly typical "anniversary" publication.

It is interesting that this is the only album of the Smolny Institute that is known to us. This is the same one that has been preserved in the Institute collection of the St. Petersburg Historical Archive and in the collections of the Russian National Library. If the album had been connected with a specific graduation from the Institute, then there would presumably be other copies from other graduates, but we know of none. We do know with absolute certainty that in the early twentieth century, other photographs were taken of the interiors and graduates of the Smolny Institute, and these can be found in various collections of the Russian State Film and Photo Archive in St. Petersburg, but these other

Введение

В конце девятнадцатого — начале двадцатого века многие учебные заведения России выпускали альбомы фотографий, связанные либо с конкретным выпуском, либо с тем или иным юбилеем учебного заведения. В этом смысле публикуемый альбом представляет собой довольно типичное «юбилейное» издание.

Интересно, что нам известен только этот альбом Смольного института. Именно он хранится в фонде института в историческом архиве Санкт-Петербурга и в фондах Российской национальной библиотеки. Если бы альбом был связан с конкретным выпуском из института, то, видимо, были бы и другие — с другими выпускницами, но такие нам не известны. Зато мы совершенно точно знаем, что в начале двадцатого века были сделаны и другие фотографии интерьеров и выпускниц Смольного института, и они хранятся в различных фондах архива кинофотодокументов в Санкт-Петербурге, но

photographs were never gathered together into one album. We can, therefore, assume that what we have is a ceremonial album that fulfills specific functions of an Institute presentation. Evidence to be discussed later would suggest the album was compiled during the 1904–1905 academic year. It might have been given as a keepsake to graduating students, or to official functionaries and esteemed guests of the Institute, etc. This assumption is confirmed to some extent by the sole reference to this album found in the press in the early twentieth century. *Capital and Country Estate*, a magazine about high society life that first appeared in 1913, published several of these photographs. According to the magazine's authors, this album "was made for presentation to the Emeritus Trustee Bakhmet'ev on his anniversary. This was, it seems, the only occasion when a photographer was permitted to take pictures inside the walls of the Smolny."[1] It is unlikely, after a lapse of nine years, that the authors were interested in determining the real reason for the appearance of the album; if they were right, then why is the only Institute trustee whose photograph appears in the album not Nikolai Protasov-Bakhmet'ev, but Sergei V. Oliv? However, the very assertion that the album was made "for presentation" is the only possible explanation for why other Smolny albums are not known to us.

Even if we assume that an album prepared for ceremonial presentation could have been reprinted from time to time (and we have no evidence for this),

в единый альбом эти, другие фотографии, сведены не были. Поэтому мы можем предположить, что перед нами альбом парадный, выполняющий определенные функции презентации института. По доказательствам, которые будут обсуждаться, предполагается, что альбом был составлен в 1904–1905 учебном году. Его вполне могли дарить выпускницам в качестве памятного подарка, могли дарить на память официальным лицам и почетным посетителям института и т.д. Отчасти это подтверждается единственным обнаруженным упоминанием об этом альбоме в прессе начала двадцатого века. Выходивший с 1913 г. журнал о светской жизни «Столица и усадьба» опубликовал некоторые из этих фотографий. По мнению авторов журнала, этот альбом «был сделан для поднесения Почетному Опекуну Бахметьеву в его юбилей. Это единственный, кажется, случай, когда в стенах Смольного было разрешено фотографу делать снимки».[1] Вряд ли по прошествии девяти лет авторы интересовались настоящей причиной появления альбома. Если они правы, то почему единственным из попечителей института, сфотографированным в альбоме, оказался не Николай Протасов-Бахметьев, а Сергей Олив? Однако само утверждение о том, что альбом сделан «для поднесения», представляется единственно возможным объяснением того, что другие альбомы Смольного нам не известны.

Даже если предположить, что альбом, изготовленный для парадных презентаций, мог время

and even if we have reservations about the family lore of the album's owner, we are still able to date the first appearance of the album more or less accurately. To begin with, we can identify with certainty several of the figures in the photographs. For example, the history teacher is the fairly well-known Russian scholar Ivan I. Lappo. According to his personal records, he taught at the Institute from 1899 to May 1905.[2] The Institute patron Sergei Oliv, shown in one of the photographs, served from 1902 to 1906.[3] Thus, the album must have been produced sometime between 1902 and 1905. The copy preserved in the Russian National Library contains an inscription on one of the first pages: "Passed by the censor. May 10, 1905." At the same time, according to the authors of the magazine *Capital and Country Estate*, it is the 1905 graduating class that is depicted in the photos of the graduates; this is confirmed by the fact that beneath the photographs are the written surnames of those in the first row. Most likely, this is correct; readers of the magazine would have included people who might have known the graduates personally. The album owner's family lore too points to the same conclusion.

There is, however, one interesting detail in dating the album: not one of the official documents in the Smolny Institute archive for 1905 makes any mention of the album, either in official correspondence, in resolutions of the Council, or in collections of circulars. And the admission of a photographer actually required special permission from the administration; for example,

от времени допечатываться (о чем у нас нет никаких сведений), и даже если мы поставим под сомнение семейные предания владелицы альбома, то датировать первое появление альбома можно более-менее точно. Прежде всего, мы можем достоверно опознать на фотографиях некоторых персонажей. Так, учитель истории — это достаточно известный русский ученый И. И. Лаппо. Согласно его личному делу, он служил в Обществе с 1899 по май 1905 г.[2] Изображенный на одной из фотографий попечитель института по хозяйственной части С. В. Олив служил в этой должности с 1902 по 1906 г.[3] Таким образом, диапазон создания альбома — с 1902 по 1905 г. Экземпляр, хранящийся в Российской национальной библиотеке, содержит надпись на одной из первых страниц: «Дозволено цензурой. 10 мая 1905 года». В то же время, по утверждению авторов журнала «Столица и усадьба», на снимках выпускного класса изображен именно выпуск 1905 г., и это подтверждается тем, что под фотографиями даются подписи фамилий первого ряда. Скорее всего, это соответствовало действительности, ведь журнал читали в том числе и те, кто мог знать выпускниц лично. Об этом же свидетельствуют и семейные предания владелицы альбома.

Однако, у этой атрибуции есть одна интересная деталь — ни в одном из сохранившихся официальных документов архива Смольного института за 1905 г. нет никаких упоминаний об этом альбоме — ни в официальной переписке, ни

permission was required when representatives of one of the museums wanted to take photographs not even of the Institute's interiors, but just of the eagle on the Smolny Institute building.[4] This means that the album photos were taken by a photographer who did not require special permission, a photographer who was sent from higher up. Moreover, the Institute's financial accounts for 1905 contain no information about these photographs (and these are extremely detailed accounts: they even show the cost of the ribbons that encircled the graduates' badges of honor, which would obviously cost less than such an expensive album). This means that the publication of the album was financed not by the Institute, but rather by higher authorities, at the very least by the Department of the Empress Maria, and possibly even by the Ministry of the Court. (This is very likely, given the fact that the patroness of the Institute at that time was the widowed Empress Maria Fyodorovna, an enthusiastic amateur photographer whose photographs of Smolny students have been preserved.) Because the publication of the album was not financed by the Institute, it may be assumed that the reason for the album's publication had to have been a significant and far more important event than the anniversary of one emeritus trustee; in fact, the 1904–1905 academic year of the Smolny Institute was filled with anniversaries. To begin with, the 140-year anniversary of the Institute fell in the fall of 1904. However, in all instances known to us of such anniversaries, the photo album was prepared in the

в постановлениях совета, ни в сборниках циркуляров. А допуск фотографа действительно требовал специального разрешения администрации — такой допуск потребовался, например, когда представители одного из музеев хотели сделать даже не фотографии интерьеров, а только снимок орла на здании Смольного института.[4] Значит, снимки альбома делал фотограф, которому не требовалось специальное разрешение, фотограф, направленный свыше. Кроме того, финансовый отчет института за 1905 г. не содержит никаких сведений об этих фотографиях (а это отчет чрезвычайно подробный — в нем указана даже стоимость лент, которые увивали почетные знаки выпускниц, что явно меньше стоимости такого дорогого альбома). Это значит, что выпуск альбома финансировался вовсе не институтом, а более вышестоящими органами — как минимум Ведомством императрицы Марии, а возможно и Министерством двора (последнее вполне возможно, если мы вспомним, что покровительницей института в то время была вдовствующая императрица Мария Федоровна — большая любительница фотографии; сохранились ее фотографии смолянок). Но, прежде всего, опираясь на тот факт, что выпуск альбома институтом не финансировался, следует допустить, что поводом к выпуску этого альбома должно было быть событие значительное и куда более важное, чем юбилей почетного

summer; yet the photographs in the album in question were taken in winter, which would mean that the album was prepared for some significant anniversary in 1905. And there was, in fact, such an event in the spring of 1905. On April 19, 1905, the Empress bestowed on the headmistress of the Institute, Princess Elena Lieven, a personal rescript, in which she cited the princess's achievements in the field of the education of noble maidens. The rescript was given in recognition of the fact that in 1905 Princess Lieven had completed twenty-five years of service in the Department of the Empress Maria. Appended to the rescript were insignia of the Lesser Cross of the Order of Saint Catherine the Great Martyr. In one of the photographs (No. 9, Music Exam, on the far right of the group of seated ladies), Princess Lieven is indeed depicted with medals. Among these it is difficult to make out an Order of Catherine cross, but a cross of the Mariinsky Medal of Distinction for Unblemished Service of twenty-five years, which had also been presented to her at that time, can be clearly seen. What is more, the date on the rescript was extremely important for the Empress herself: according to her memoirs, she and the princess had embarked together on the path of service, and the Empress had also "taken under her protection" the Department of the Empress Maria in 1880—that is, twenty-five years earlier.[5]

Thus, the year 1905 marked the celebration of twenty-five years of service in the department of both Elena Lieven, as headmistress of the Institute, and the

опекуна. С этой точки зрения 1904–1905 учебный год в жизни Смольного института наполнен юбилейными датами. Прежде всего, осенью 1904 г. исполнялось 140 лет институту. Однако во всех известных нам случаях такого рода юбилеев, альбом фотографий готовился летом. Фотографии же данного альбома — зимние. Значит, альбом готовился к какому-то значительному юбилею 1905 г. И такое событие действительно имело место весной 1905 г. 19 апреля 1905 г. начальнице института княгине Елене Ливен был дарован личный рескрипт императрицы, в котором императрица отмечала ее успехи в области воспитания благородных девиц. Рескрипт был дан в связи с тем, что в 1905 г. исполнилось 25 лет службы княгини Ливен в Ведомстве императрицы Марии. К рескрипту были приложены знаки малого креста ордена Святой великомученицы Екатерины. На одной из фотографий (№ 9, экзамен музыки, крайняя справа в группе сидящих дам) княгиня Ливен запечатлена с наградами. Среди них трудно угадать крест ордена Екатерины, но мариинский крест знака отличия за беспорочную двадцатипятилетнюю службу, который тогда же ей был вручен, просматривается хорошо. Более того, эта дата, как следовало из рескрипта, была чрезвычайно важна для самой императрицы — согласно ее воспоминаниям, они вступили с княгиней на путь служения вместе и императрица «приняла под свое покровительство» ведомство

widowed Empress Maria Fyodorovna. This was most likely the reason for the creation of the album that may have been presented to, among others, the graduates of 1905. The album may have been subsequently reprinted and perhaps given to graduates in succeeding years or, more likely, to honored guests. In any event, the copy that is preserved in the Smolny collection in the archive contains no record of censorship, which might attest to its having been printed after October 1905, when preliminary censorship was abolished.

Within the family that inherited the album, an account has been handed down that it was presented as an award for academic excellence. It is possible that the album served yet another purpose. Books were, indeed, among the prizes presented to the Smolny pupils, and one of the two ancestors of the Kovaleff Baker family that attended the Smolny received a book prize upon graduation in 1907. Although we do not know precisely which books were given at graduation, there is no reason not to presume that the album — a quite expensive and significant publication — was presented not to all graduates, but only to those who had demonstrated a particular level of achievement.

The album itself is of unquestionable historical interest. Despite its ostentation and calculated presentation, it takes us inside the everyday life of the Institute and demonstrates by its very existence the considerable liberalization of life at the Smolny Institute compared with previous eras, when the

императрицы Марии также в 1880 г., т.е. 25 лет назад.[5]

Таким образом, на 1905 г. приходился юбилей 25-летнего служения в ведомстве и начальницы института Е. А. Ливен, и вдовствующей императрицы Марии Федоровны. Это, скорее всего, и стало причиной создания альбома, который был вручен, в том числе и выпускницам 1905 г., а впоследствии, возможно, допечатывался и дарился выпускницам следующих годов или, что вероятнее, почетным гостям. Во всяком случае, экземпляр, хранящийся в фонде Смольного в архиве, не содержит никакой записи о цензуре, что может свидетельствовать о том, что он напечатан после октября 1905 г., когда предварительная цензура была отменена.

В семье наследницы альбома сохранилась история о том, что он был вручен за успехи в учебе. Возможно, что перед нами действительно еще один из способов использования этих фотографий. Среди премий, подаренных ученицам Смольного, на самом деле были книги, и одна из двух родственниц Ковалевой Бейкер, которые учились в Институте, по окончании учебы в 1907 г. получила книжную премию. Хотя мы не знаем точно, какие именно книги даровали в конце учебы, ничто не мешает нам предположить, что альбом — довольно дорогая и значительная публикация — был предоставлен не всем выпускникам, а только тем, кто продемонстрировал определенный уровень достижений.

appearance of a photograph of the students' bath or bedroom would have been unthinkable.

Unfortunately, the Kovaleff Baker album is not complete. Two of its photographs have been lost. I would like to begin the commentary by considering one of the missing photos, since it was that which opened the album.

Сам альбом представляет собой несомненный исторический интерес, поскольку, несмотря на свою парадность и несомненную постановочность, допускает нас во внутреннюю, повседневную жизнь института и свидетельствует самим фактом своего существования о значительной либерализации жизни в Смольном институте по сравнению с предыдущими эпохами, когда нельзя было и помыслить о появлении фотографии бани или спальни смолянок.

К сожалению, публикуемый альбом не полон — в нем утеряны две фотографии. И я бы начал комментарий с рассмотрения одного утраченного снимка, поскольку именно он и открывал альбом.

Photo No. 1: The Smolny Institute Building

The first photograph of the album depicts the Smolny Institute. It was initially housed in the buildings of the Voskresensky Novodevichy Convent, founded in 1748 on the site of the so-called Smolny Palace of Empress Elizaveta Petrovna (1741–1761). *Smola* in Russian means tar or pitch; the Palace was so named because of the pitch stored there in the time of Peter the Great for the building and maintenance of ships and ropes. Eventually the name Smolny applied to both the Convent and the Institute.

The building shown was constructed in 1808 for a charitable institution, a refuge for widows, but at the insistence of the Empress Maria Fyodorovna, it was handed over to the Smolny Institute. The building's architect was Giacomo Quarenghi, one of the most prominent St. Petersburg architects of the early nineteenth century. Quarenghi himself considered the building to be one of his best creations.

After the Institute's move into the building, housekeeping, kitchens, and a large dining room were located on the first floor and in courtyard outbuildings. Located on the second floor were an assembly hall, a Council room, and a library. The rooms of the headmistress of the Institute were in the left wing. On the third floor were the bedrooms of the students and the class ladies. However, over the course of more than a century, the layout and the function of the rooms changed: the bedrooms, classrooms, and the rooms of

Фото № 1. Здание Смольного института

Первая фотография альбома представляет собой изображение Смольного института. Первоначально Смольный институт размещался в зданиях Воскресенского Новодевичьего монастыря, основанного в 1748 г. на месте так называемого Смоляного дворца императрицы Елизаветы Петровны (1741–1761). Свое название Смольный дворец получил от находившегося в этом же месте во время императора Петра хранилища смолы, необходимой для смоления кораблей и канатов. Впоследствии это название — Смольный — перешло и на монастырь, и на институт.

Здание, изображенное на фотографии, было построено в 1808 г. для одного из благотворительных учреждений — приюта для вдов, но по настоянию императрицы Марии Федоровны было передано Смольному институту. Архитектором здания был архитектор Дж. Кваренги — один из наиболее значительных архитекторов Петербурга начала девятнадцатого века. Сам Кваренги считал здание одним из своих лучших творений.

После переезда на первом этаже и в дворовых флигелях размещались хозяйственные службы, кухни и большая столовая. На втором этаже — актовый зал, зал Совета, библиотека. В левом крыле находились комнаты начальницы института. На третьем этаже разместились спальни воспитанниц и классных дам. Однако в течение более чем

Photo No. 1: The Smolny Institute Building — Фото № 1. Здание Смольного института

the class ladies were moved around. Nor did twentieth-century trends fail to affect the building: headmistress Elena Lieven's wing possessed an elevator.

Photo No. 2: The Church

On the orders of the Empress Maria Fyodorovna, the church of the Smolny Institute was built on the site of one of the old convent's classrooms, and was linked to the new building by a gallery. It was consecrated in 1808 and was dedicated to St. Alexander Nevsky. Over the course of its existence, the church was constantly being redone. "It is spacious and beautiful, it was painted in a light-blue color. . . . It had only one side chapel," recalled a Smolny student in the 1860s.[6] At the end of that decade, a stained-glass window was added, visible in the photograph directly in the center, where Christ is lit by the rays of the sun. It was in this church that prayers of thanks were said for the survival of the sovereign Alexander II after unsuccessful attempts on his life by revolutionary terrorists, and here that a requiem service for him was held when one of the attempts succeeded. Here they held the burial service for teachers and students who had died; here grand services were held on both Institute and state holidays; here former students and servants of the Institute were married. For the Smolny students, the church and the church services could be an occasion for sincere

столетия расположение и назначение комнат менялось: переносились спальни, классы, комнаты классных дам. Не миновали здание и веяния нового, двадцатого века — во флигеле начальницы Е. А. Ливен был лифт.

Фото № 2. Церковь

По воле императрицы Марии Федоровны церковь Смольного института была построена на месте одной из классных комнат старого монастыря и соединялась с новым зданием галереей. Она была освящена в 1808 г. и была посвящена Св. Александру Невскому. За время своего существования церковь постоянно переделывалась. «Она просторна и красива, была выкрашена в светло-голубой цвет… В ней всего один придел», — вспоминала смолянка 1860-х гг.[6] В конце 60-х гг. был сделан витраж, который мы видим на фотографии прямо по центру, где залитый солнечными лучами Христос. Именно в этой церкви служили благодарственные молебны о спасении государя Александра II после неудачных покушений революционеров-террористов и заупокойную службу по нему же, когда одно из покушений удалось. Здесь отпевали умерших преподавателей и учениц, здесь служили торжественные службы в дни праздников — институтских и государственных, здесь венчали бывших смолянок и служительниц института. Церковь и церковные службы могли быть для смолянок как поводом

Photo No. 2: The Church — Фото № 2. Церковь

religious experiences and support, and also a symbol of routine and hypocrisy. The priests who served in the Institute church were also their teachers of Scripture. They heard confessions and gave communion to the students, the majority of whom were Russian Orthodox. What is more, since the priests were among the few men admitted into the Institute, they were occasionally subjected to the custom of adoration: the Smolny girls wore perfume and smeared their lips with it when the time came to exchange three ritual kisses at Easter; they whispered rapturous words as the priests passed. One memoir even mentions the love of a Smolny student and a member of the clergy: "One of our classmates, V. Ef-va, a rich girl, an orphan, who was particularly pious and had been at the Institute for a long time, often bought candles and communion bread. She ended up falling in love with Deacon Savich, a widower, and after graduation she married him. He was defrocked and began living in clover at his wife's expense."[7]

Photo No. 3: The Students' Report to the Headmistress

According to instructions issued by the Empress Maria Fyodorovna, every day two girls from each class had to act as monitors. They carried out their duties for 24 hours at a time, from dinner to dinner. This task consisted of maintaining order, giving instructions to

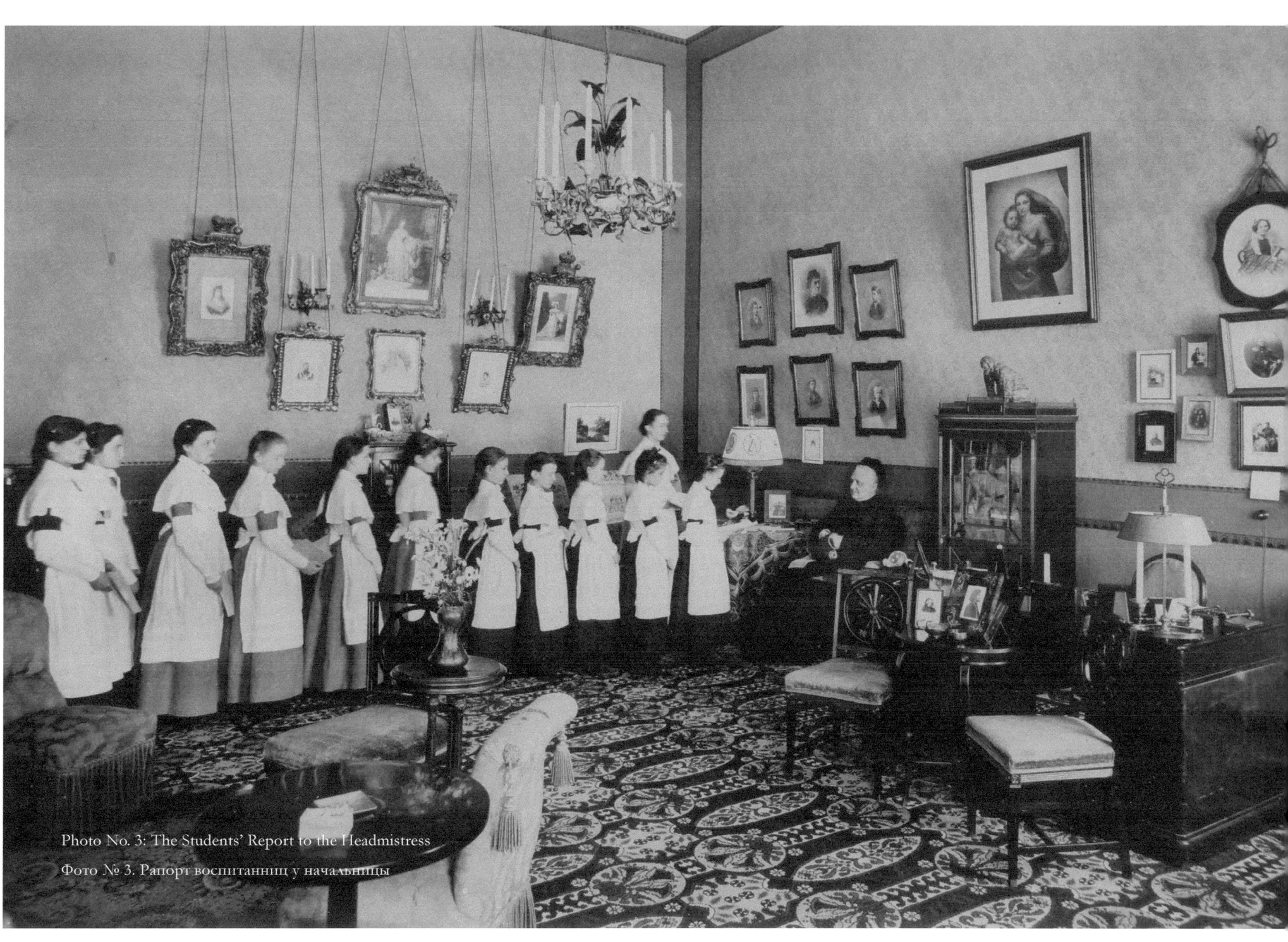

Photo No. 3: The Students' Report to the Headmistress

Фото № 3. Рапорт воспитанниц у начальницы

the servants, and, if something had been observed that could not be corrected, noting it down in a little book and reporting it to the headmistress. Since the chief purpose of being a monitor was to instruct the girls in housekeeping, they had to be present when the headmistress of the Institute talked with the house manager; and they had to listen to and remember discussions about groceries, learn how to judge their quality, and calculate their price. When necessary, monitors delivered linens to the laundry and then brought them back. And they had to make sure that everything was all right in the bedrooms and dining rooms.

Being a monitor occasionally allowed the girls to gain access to Institute secrets. As a student from the 1860s recalled, one day she grasped why it was that the headmistress of the Institute, Maria Pavlovna Leontieva, did not meddle in the business of the kitchen: "Every day she was given a sample portion of the dining hall dinner to be served that day, and when I was a monitor for Maria Pavlovna, I had the opportunity to see the kind of portion she was given, and I realized that it was impossible for her not to approve of the food."[8] In the opinion of the memoirist, the food that the headmistress inspected and the food that the Smolny girls actually ate were very different.

What we see in the photo is the moment when the position of monitor is being either surrendered or assumed. The first girl, a junior class pupil, is reading a record of what happened that day. Accepting the report is the headmistress of the Institute, Princess Elena Lieven.

указания прислуге, а если замеченное нельзя было исправить, заносить это в книжечку и докладывать начальнице. Поскольку главной целью дежурства было приучение девочек к домоводству, то они должны были присутствовать при разговоре начальницы института с экономом, слушать и запоминать разговоры о продуктах, учиться оценивать их качество и рассчитывать цену. В случае необходимости дежурные сдавали белье в стирку и принимали обратно. Они же должны были следить, чтобы все было благополучно в спальнях и столовых.

Дежурство иногда позволяло проникнуть в институтские тайны. Как вспоминала воспитанница 60-х гг., однажды она поняла, почему начальница института М. П. Леонтьева не вмешивается в дела на кухне: «Ей всякий день подавали пробную порцию казенного обеда и на дежурстве при Марии Павловне я имела случай видеть такую порцию и поняла, что подаваемые кушанья нельзя было не одобрить».[8] Обед, который инспектировала начальница, и тот, который ели смолянки на самом деле, по мнению мемуаристки, сильно различались.

Перед нами момент сдачи или приема дежурства. Первая девочка — ученица младшего класса — читает записи о том, что произошло за день. Принимает дежурство начальница института — княгиня Е. А. Ливен.

Photo No. 4: The Council Room

Originally, in the eighteenth century, high-ranking dignitaries, such as Ivan Betskoi, Gavriil Derzhavin, and Minister of the Interior Victor Kochubei, served on the Council of the Educational Society. Gradually, over the course of the nineteenth century, the significance of the Council was somewhat diminished, and its composition became less imposing; but the Council remained the governing body of the Institute. Serving on the Council in the early twentieth century, in addition to people of high standing, were representatives of the Institute administration: the headmistress, the inspector of classes, and the class supervisors. It was they who did the main routine work. The Council met seldom, not more than once a month, deciding questions related to both household and instructional matters: the Council dealt with stipends and vacancies, made decisions regarding the pupils' futures, the distribution of prizes, etc. Judging by the minutes of the meetings, the headmistress was fully in charge of both the work and the decisions of the Council by the time of the creation of the album. However, one should not underestimate this rather boring photograph with no people in it; in the final analysis, it was in this very room that the most important decisions were made for the small and hermetic world of the Institute. No less interesting is the compositional aspect of the photo; out of the 40 pictures in the album, only four are absolutely devoid of people: the church, the washroom,

Фото № 4. Советная

Первоначально, в восемнадцатом веке, в Совет Воспитательного общества входили сановники высшего ранга — И. И. Бецкой, Г. Р. Державин, министр внутренних дел Кочубей и т.д. Постепенно, на протяжении девятнадцатого века, значение совета несколько уменьшилось, состав совета стал не таким пышным, но совет продолжал оставаться органом управления институтом. В совет к началу двадцатого века входили кроме высоких особ, представители администрации института: начальница института, инспектор и инспектрисы классов. Именно они и делали основную рутинную работу. Совет собирался редко — не чаще одного раза в месяц, решая насущные вопросы хозяйственного и учебного процессов. Совет распределял стипендии и вакансии, принимал решения о судьбе воспитанниц, определял, кто достоин награды и т.д. Судя по протоколам заседаний, ко времени создания альбома начальница института полностью определяла и работу, и решения совета. Но не стоит недооценивать эту скучноватую безлюдную фотографию — в конце концов, именно в этой комнате принимались решения, самые важные для маленького и герметичного мира института. Не менее интересен композиционный аспект снимка — из 40 снимков альбома абсолютно безлюдными являются четыре: церковь, умывальня, спальня и зал заседаний Совета. Что это значит? Является ли это

a bedroom, and the Council meeting room. What does this mean? Is it a mockery, a parody, a hint? After all, photos with no people are not accidental. They could not show the girls praying, washing, or lying in their beds, as that was too intimate or improper, or too revealing; that was what could not be shown. But why not show people meeting in Council? Especially since we know of photographs from the early twentieth century in which the members of the Council of the Smolny Institute are meeting in this very room. I believe that it is a matter of the semantics of the album itself. If we compare this album with the albums of other educational institutions, then it is not hard to distinguish the compositional-semantic units in the photographs. They might appear in different order and contain a different number of photographs, but the first three units were always repeated: building, church, "authorities." The photograph of the Council room is part of the "authorities" unit and is placed together with the preceding photograph of Princess Lieven receiving the report. And so what is highlighted is the headmistress's pedagogical wisdom, her closeness to the children, and her lack of formality; and as we recall, it is she to whom the album is dedicated.

насмешкой, пародией, намеком? Ведь снимки безлюдны не случайно: нельзя показать ни молитву, ни умывание, ни девочек в постели, это слишком интимно или неприлично, или слишком значимо; это то, что нельзя показать. Почему нельзя показать людей, собирающихся на совете? Тем более, что нам известны фотографии начала двадцатого века, где члены совета Смольного института присутствуют именно в этой комнате. Я думаю, что дело в семантике самого альбома. Если мы сравним публикуемый альбом с альбомами других учебных заведений, то несложно будет вычленить композиционно-смысловые блоки фотографий. Они могли идти в разном порядке и включать в себя разное количество фотографий, но первые три блока всегда повторялись: здание, церковь, «начальство». Фотография комнаты Совета идет именно в блоке «начальства» и помещается в паре с предыдущей фотографией княгини Ливен, принимающей рапорт. Таким образом подчеркивается педагогичность, близость к детям, неформальность начальницы, которой, как мы помним, и посвящен альбом.

Photo No. 4: The Council Room   Фото № 4. Советная

Photo No. 5: The Reception of Relatives

This is one of the most significant and at the same time saddest events in the life of the Institute: the reception of relatives. It was distressing for the girls in the background, those sitting by the wall beneath the portraits: the ones whom no one came to see. And there were quite a few of them, since many of the girls came from modest provincial families. But the occasion was exceptionally joyous for those who had visitors. At the beginning of the century, there were two visiting days, Thursday and Sunday, with visiting hours from 12:00 to 2:00 p.m. The relatives could talk with the girls in the presence of the class ladies. Many descriptions of these reception days have been preserved. We shall cite one that is quite rare: to begin with, it is closest to 1905 of all that we have at our disposal, and, secondly, it was written not by a Smolny student, but by a man who had come to see his cousins.

> Throughout the room, round tables had been set up for the visitors. The Institute girls were led in from interior chambers by class ladies, under whose vigilant eye they sat down with their guests. The visits were carried out in a dignified, even ceremonious manner: they talked softly—no expansive demonstrations of family feelings were allowed. . . . The visiting days were the happiest occasions in the measured and regulated flow of the Institute's everyday routine; the girls had had time to feel homesick. Here they heard the latest

Photo No. 5: The Reception of Relatives

Фото № 5. Прием родных

family news, and felt some of the spirit of home. The visitors pulled out the presents they had brought with them: candy, fruit, and various trinkets, which had been ordered during the previous visit. Of course, during this time another note was handed over with a list of requests for the next visiting day: ribbons, pen nibs, letter sheets, and a specific style of glass (just like my friend has!) for dipping brushes during art lessons. But the biggest demand was for the kind of little pictures then in fashion of kittens, puppies, butterflies, flowers, and so forth. These pictures were glued to the ends of a colored ribbon—each girl had her own color—which was used to attach a sheet of blotting paper to a new notebook. . . .[9]

The very fact that this photograph is among the first ones in the album illustrates, in my view, the desire of the album's compilers to showcase the openness of the Smolny, in contrast to the traditional representations of its conservatism and closed nature.

Photo No. 6: The Pedagogical Staff

This photograph shows class ladies and their supervisors. As already noted, these women were responsible for all the disciplinary and educational work of the Institute. They wore dark blue uniforms. The salary of a class lady, depending on the length of

институтских будней — девочки успевали соскучиться по своим родным. Тут узнавались последние семейные новости, привносился дух домашности, визитёры извлекали привезённые подарки: конфеты, фрукты и всякие мелочи, на которые был дан заказ в предыдущее посещение. Само собой, тут же вручалась записка с перечнем требующегося к следующему приёмному дню: заказывались ленты, перья «уточка», «секретки» — особого фасона рюмки (такого, как у подруги!) для макания кисти на уроках рисования. Но самый большой спрос был на бывшие тогда в моде картиночки с котятами, щенками, бабочками, цветами и пр. Этими картинками заклеивались концы цветной ленточки — у каждой девочки своего цвета, — которой листок промокательной бумаги прикреплялся к новой тетради…[9]

Сам факт того, что эта фотография помещена в числе первейших, на мой взгляд, показывает намерение авторов альбома продемонстрировать именно открытость Смольного в противовес традиционным представлениям о его консерватизме и закрытости.

Фото № 6. Педагогический персонал

На фотографии — классные дамы и инспектрисы классов. Как уже говорилось, именно на них была возложена вся дисциплинарная и воспитательная работа в институте. Они носили форменные синие платья. Заработная плата классной дамы

Photo No. 6: The Pedagogical Staff   Фото № 6. Педагогический персонал

her service, was between 30 and 50 rubles a month, not counting extras and bonuses. Even with all possible extras, the average class lady received from 500 to 600 rubles a year, which was not considered a very great salary for life in the capital. Many of those shown in the photograph wear decorations from the Department of Empress Maria for length of service, which indicate that their owners had served for fifteen or more years.

The role of a class lady in the life of a pupil could be pivotal. The nastiest and most bitter words found in the memoirs, as well as those of the deepest gratitude, are devoted specifically to the class ladies. A lot depended on how the class lady herself was situated in life: many of them had themselves been pupils of female institutes (not necessarily the Smolny); many did not have a personal life; many if not most of them had ended up in their positions not from a sense of vocation but from necessity, and an absence of alternatives. The irritation or the joy of the Smolny girls when recalling their class ladies is obvious, and is documented on more than one occasion. They treated the pupils in all manner of ways—from threats, crude scolding, and beatings to painstaking care and attentive and gentle treatment. The experiences of a class lady herself, however, are practically unknown to us. Only one diary of a class lady has been preserved, that of the former Smolny student Varvara Bykova. She studied at the Institute in the 1830s and was a class lady there in the 1850s. This diary was published and underwent censorship, but, even so, the bitterness and exhaustion

в зависимости от выслуги лет составляла от 30 до 50 рублей в месяц, не считая денег надбавок и наградных выплат. Даже при всех возможных надбавках в год средняя классная дама получала от 500 до 600 рублей, что считалось не слишком большим окладом для столичной жизни. Многие из изображенных на фотографии носят наградные знаки Мариинского ведомства, которые свидетельствуют о том, что их владелицы прослужили пятнадцать и более лет.

Роль классной дамы в жизни воспитанницы могла быть определяющей. Самые злые и горькие слова, как и слова самой высокой благодарности в воспоминаниях посвящены именно классным дамам. Многое зависело от того, как устроена в жизни сама классная дама — многие из них сами были воспитанницами женских институтов (не обязательно Смольного), у многих не сложилась личная жизнь, многие, если не большинство, попадали на должность не по призванию, а по необходимости и по причине отсутствия альтернатив. Если раздражение или радость смолянок при воспоминании о своих классных дамах вполне понятны и неоднократно засвидетельствованы (а классные дамы демонстрировали все варианты отношения к ученицам — от угроз, грубой ругани и побоев до тщательной заботы и внимательного и трепетного отношения к детям), то переживания самой классной дамы нам практически не знакомы. Сохранился только один дневник классной дамы, бывшей

of someone constantly occupied with children show through:

> My life runs on amid anxieties over the children's education. . . . Vacation has begun, a rest for many; but for us ladies, it is almost more difficult than class time. All the lessons are on our shoulders alone, and there are constantly the children, the children incessantly in our sight; we too want to take a break, to read for awhile. . . . Merciful God will forgive the involuntary grumbling that sometimes escapes our lips. He knows what it is like to be a class lady, especially in a white class. . . . The ingratitude of the children sometimes makes us susceptible to a grave temptation, and we, poor sinners, have a very hard time keeping to the high standard proper for an educator during these times of trial.[10]

Photo No. 7: The Library

The Smolny library took shape over the course of 150 years, and at the beginning of the twentieth century it continued to grow. For the most part the books were related to the curriculum, in Russian and in foreign languages; moreover, among the Russian authors, works of a conservative orientation prevailed, from the standpoint of both politics and literature. In this respect, the Smolny was no different than other

смолянки Варвары Быковой. Она училась в Смольном в 30-х гг. девятнадцатого века, а в 50-х была в нем же классной дамой. Это дневник опубликованный и прошедший цензуру, но даже в нем проступает горечь и усталость человека, постоянно занятого с детьми.

> Жизнь моя течет среди забот о воспитании детей… Начались каникулы, отдых для многих; но для нас, дам, чуть ли не труднее классного времени. Все занятия лежат исключительно на нас и беспрестанно в глазах дети и дети; а между тем, так хочется, как и всем, отдохнуть, почитать… Господь милосерд и простит невольный ропот, вырывающийся иногда из наших уст. Он знает, каково классным дамам, особенно в белом классе… Неблагодарность детей доводит иногда до тяжкого искушения, и нам, бедным грешницам, в эти минуты испытаний, очень трудно удержаться на должной высоте воспитательницы.[10]

Фото № 7. Библиотека

Библиотека Смольного формировалась на протяжении 150 лет, и к началу двадцатого века она продолжала пополняться. В основном в ней содержались книги, связанные с учебным процессом, на русском и других языках, причем среди русских авторов преобладали произведения консервативного направления как с точки зрения политики, так и с точки зрения литературы.

educational institutions. The pupils themselves sometimes recalled the marked inadequacy of their reading, particularly the girls of the first half of the nineteenth century. Thus, a pupil of the 1840s recalled that they were not allowed to read Pushkin's "Queen of Spades," and they begged their families for the book. "Books were quite hard to get, even though we had our own library. In the 'light-blue' class we made do with the children's magazine *Zvyozdochka* [*Little Star*], and if we asked for some other book from the catalogue, most of the time we were told that we were not yet permitted to read that."[11] A pupil of the 1860s remembered the library thus: "The library contained textbooks, the works of classic Russian and foreign authors, the novels of Walter Scott, the works of Mayne Reid, Racine, the magazine *Semeinye vechera* [*Family Evenings*], and other books for children and young people."[12]

It is possible that the situation may have changed for the better by the early twentieth century, although one cannot help but notice that the photograph shows eight teachers and class ladies and only one pupil. In any case, at first glance, books were not a priority in the Institute budget: according to the 1905 accounts, almost twice as much was spent on furniture as on books. However, if considered in absolute rather than relative figures, then one must give the administration its due: the almost four thousand rubles spent on books was a huge sum in those days.

В этом, впрочем, Смольный не отличался от остальных учебных заведений. Сами воспитанницы иногда вспоминали явную недостаточность своего чтения, особенно это касалось девочек первой половины — середины девятнадцатого века. Так, воспитанница 40-х гг. вспоминала, что им не разрешали читать «Пиковую даму» Пушкина и они выпрашивали эту книгу у родных. «[К]ниги было довольно трудно доставать, хотя у нас и была своя библиотека. В „голубом" классе мы пробавлялись детским журналом „Звездочка", и если по каталогу спрашивали какую другую книгу, то большей частью получали в ответ, что нам еще этого читать нельзя».[11] Воспитанница 60-х гг. вспоминала о библиотеке так: «Библиотека заключала в себе учебные пособия, сочинения русских и иностранных классиков, романы Вальтер Скотта, сочинения Майн Рида, Разина, журнал „Семейные вечера" и другие книги для младшего и юношеского возраста».[12]

Возможно, ситуация изменилась к лучшему в начале двадцатого века, хотя нельзя не заметить, что на снимке только одна ученица и восемь педагогов и классных дам. Во всяком случае, на первый взгляд, книги не были приоритетным направлением с точки зрения финансирования: согласно отчету 1905 г., на книги было истрачено почти в два раза меньше, чем на мебель. Хотя, если говорить о цифрах абсолютных, а не относительных, то надо отдать должное администрации — на книги была потрачена огромная по тем временам сумма — почти 4 тысячи рублей.

Photo No. 7: The Library

Фото № 7. Библиотека

Photo No. 8: The Teaching Personnel

This photo shows those who were directly involved in teaching. These people taught the Smolny girls history, literature, and foreign languages; the natural sciences: physics, cosmography, biology, and zoology; and also needlework, music, and dance. As a rule, those who ended up as Smolny teachers were exceptionally reliable politically, and had already proven themselves as professionals. Those who worked at the Institute in the first half of the nineteenth century often had a hard time of it: unexpected visits of royal personages could throw anyone into a nervous panic, which the Smolny girls worked to their advantage. Sofiia Markova recalled in her diary that when they got news of a possible visit by the Empress to the whites' German class, the pupils surrounded the teacher and threatened that if he called on anyone, she would disgrace him in front of the Empress such that he would regret that he had ever called on her.[13] After the reforms of Konstantin D. Ushinsky, the relationship between students and teachers somewhat improved.

As a rule, a teacher worked not only at the Smolny, but also in several other places. In the second row, the one farthest to the right is the history instructor Ivan I. Lappo, and his case is fairly typical of a Smolny Institute teacher. According to his personal records, Lappo was at that time working in three different places; moreover, he received no money in his position as a *Privatdozent* at St. Petersburg University. In 1903 his combined

Фото № 8. Учебный персонал

На фотографии те, кто непосредственно занимался преподаванием. Эти люди учили смолянок истории, литературе, иностранным языкам и естественным наукам: физике, космографии, биологии, зоологии, а также рукоделию, музыке и танцам. Как правило, в преподаватели Смольного попадали люди исключительно благонадежные в политическом смысле, и уже зарекомендовавшие себя как профессионалы. Тем, кто работал в институте в первой половине девятнадцатого века, часто приходилось нелегко: внезапные визиты царствующих особ могли довести до нервного срыва кого угодно, чем и пользовались смолянки. С. Маркова в своем дневнике вспоминала, что когда стало известно о возможном посещении императрицей урока немецкого языка белого класса, ученицы окружили учителя и угрожали ему тем, что если он кого вызовет отвечать, то она его осрамит перед императрицей так, что он пожалеет о том, что вызвал ее.[13] После реформ Ушинского отношения учениц с учителями несколько улучшились.

Как правило, учитель работал не только в Смольном, но и в нескольких других местах. Во втором ряду самый крайний справа — это учитель истории И. И. Лаппо, чья фигура представляется довольно типичной для преподавателя Смольного института. Согласно личному делу И. И. Лаппо, в указанное время он работал в трех местах, причем на

Photo No. 8: The Teaching Personnel   Фото № 8. Учебный персонал

income from all his positions was 2,170 rubles a year.[14] This amount was relatively modest compared with the average incomes of teachers in the capital.[15] Lappo himself considered the sum insufficient, and in the fall of 1903, he asked the Council of the Educational Society for a child support allowance. This request was not approved until two and a half years later, in the summer of 1906, when Lappo was no longer working at the Smolny Institute and was already living in Yuriev. The allowance documents arrived at the office of the Council of the Institute, and were returned to the central governmental department, and nothing is known of the eventual fate of the allocated allowance.[16] What is interesting about this whole petty story is the combination of the humaneness and justness of the decision reached within the bureaucratic system, and yet the inhumane and also absolutely rule-bound way in which it was implemented.

Photo No. 9: Music Exam

Music was taught at the Smolny at a very high level. The music teachers at the Institute were often distinguished musicians, such as, for example, the great musical pedagogue Theodor Leschetizky; Franz Liszt and Heinrich Wilhelm Ernst were invited to play there. But there was a supplemental charge for music

Photo No. 9: Music Exam   Фото № 9. Экзамен по музыке

lessons; Institute tuition included only a half-hour per week, which was obviously insufficient. In the early twentieth century, there was an extra charge of 50 rubles a year for music lessons and, therefore, various arrears accumulated that had to be covered out of the funds for musical instruments. By 1905, around 920 rubles was overdue from nine students; four paid in full and two made partial payments of around 450 rubles.

Apart from the lessons with the teachers, the children themselves had to practice in special rooms, which in the Institute jargon were called *seliulki*, from *cellule*, the French word for cell. Several Smolny girls entered the conservatory after graduation and enjoyed quite respectable careers in music.

Photo No. 10: Harp Class

The harp played a rather curious role in the life of the Smolny. From its very founding, music was considered an important element of the Smolny education. Wind instruments, however, were not allowed; they were considered extremely harmful to one's health. Among the stringed instruments, the harp was given preference. In a famous series of portraits of Smolny students painted by the artist Dmitri Levitsky, one of them, Glafira Alymova, is shown with a harp. Toward

дополнительно — бесплатно полагалось только полчаса в неделю, чего было явно недостаточно. В начале двадцатого века за музыкальные занятия платили дополнительно 50 рублей в год, и поэтому накапливались различные недоимки, которые приходилось покрывать из фонда музыкальных инструментов. К 1905 г. накопилось около 920 рублей с девяти человек при том, что четыре девочки уплатили полностью и три частично около 450 рублей.

Кроме занятий с педагогами, дети сами должны были репетировать в специальных комнатах, которые на институтском жаргоне назывались селюльки — от французского слова, обозначающего келью. Некоторые из смолянок поступали после Смольного института в консерваторию и делали вполне приличную карьеру в области музыки.

Фото № 10. Класс арфы

Арфа сыграла в жизни Смольного довольно любопытную роль. С самого основания музыка считалась важным элементом воспитания в Смольном — но инструменты духовые не допускались. Считалось, что они чрезвычайно вредны для здоровья. Среди же струнных инструментов наибольшее предпочтение было отдано арфе. В знаменитой серии портретов смолянок Левицкого одна из них, Г. Алымова,

Photo No. 10: Harp Class

Фото № 10. Класс арфы

the end of the nineteenth century the harp was forgotten and the study of piano playing was preferred. But in the 1890s, the harp made a return to the Institute. This was interpreted as the return of a tradition, and the Smolny girls themselves thought that they were playing the very harp shown in Levitsky's portrait. In fact, this was not the case. As is evident from the records of Council sessions, it was a harp originally given as a gift by the Empress Maria Fyodorovna in the early nineteenth century that was restored (it is on the left in the photograph).[17] However, the sensation of an alluringly mysterious touching of the past was so great that the well-known Russian harpist Ksenia Erdely, who began taking harp lessons at the Smolny, would repeat the old legend in her memoirs.[18] At the end of 1897, a new harp was bought, but by 1905, there were so many harp pupils (a limit of four students received free lessons and three paid for theirs) that another harp was ordered. It cost 1,000 rubles and was brought from France; as a special exception, the Minister of Finance gave permission for customs duty to be waived.

Erdely remained in Russia after the revolution and became the founder of the Soviet school of harp-playing. Thus, all harp-playing taught in the USSR can to some degree be traced back to the tradition of the Smolny Institute.

From the point of view of the album's semantics, this photograph appeals to the traditions of the educational institution. The album, as a self-presentation of the Institute, combined a show of modernist liberal trends

изображена именно с арфой. К концу девятнадцатого века арфа была забыта и предпочтение целиком было отдано обучению игре на рояле. Однако в 1890-х гг. арфа была возвращена в институт. Это истолковывалось как возвращение традиции, причем сами смолянки считали, что они играют на арфе, которая была изображена на портрете Левицкого. На самом деле это не так: как следует из журнала заседаний Совета, первоначально была восстановлена арфа начала девятнадцатого века, подаренная императрицей Марией Федоровной (она на фотографии слева),[17] тем не менее ощущение завораживающей тайны прикосновения к прошлому было столь велико, что известная русская арфистка Ксения Эрдели, начинавшая обучение игре на арфе в Смольном, будет в своих воспоминаниях воспроизводить старую легенду.[18] Потом, в конце 1897 г., была куплена новая арфа, но к 1905 г. учениц было столько (четыре получали бесплатные уроки и три занимались платно), что пришлось заказать еще одну арфу. Она стоила 1000 рублей, и ее везли из Франции, причем в качестве специального исключения министр финансов разрешил не платить таможенную пошлину.

Упомянутая выше К. Эрдели после революции осталась в России и фактически стала основательницей школы советской арфы. Таким образом, все искусство игры на арфе, которому обучали в СССР, в какой-то степени восходит к традиции Смольного института.

(see commentaries to Photos No. 4, 37, and 38) with traditions. The fact is that until the appearance of photography, only the Smolny Institute could boast of a series of images of its students: in the 1770s, at the personal request of Catherine II, the artist Dmitry Levitsky painted the aforementioned series of portraits of Smolny students. It can be argued that several of the album's photographs refer back to these portraits and are meant to recall the traditions of an important educational institution. In particular, the composition of this photograph alludes to the composition of the portrait of Glafira Alymova.

С точки зрения семантики альбома, эта фотография апеллирует к традициям учебного заведения. Альбом как самопрезентация института сочетал в себе демонстрацию модернистских *либеральных веяний* (см. комментарий к фото № 4 и 37–38) и традиций. Дело в том, что до появления фотографии только Смольный институт мог похвастаться серией изображений своих воспитанниц: в 70-х гг. восемнадцатого века *по личному заказу Екатерины II художником Левицким была написана серия портретов смолянок*. Можно утверждать, что некоторые фотографии альбома отсылают к этим портретам и призваны напомнить о традициях солидного учебного заведения. В частности, композиция этой фотографии напоминает композицию портрета Г. Алымовой.

Photo No. 11: Concert

Concerts were presented fairly often at the Smolny; they coincided with special days—visits of monarchs and government officials, anniversaries and final exams. In the early twentieth century, the concerts consisted mainly of musical performances, but they could also contain productions adapted for the stage, and so-called *tableaux vivants* (something along the lines of staged photographs), although this was more characteristic of the nineteenth century. The concerts and the preparation for them were high points in the Institute's everyday routine, and delighted both visitors and participants.

Smolny students especially remembered concerts that coincided with final exams. Several of them were so-called public concerts: relatives were admitted with special tickets. "Then the music began. Two pupils played solos on the piano, and after that the opera *The Barber of Seville* was performed on sixteen pianos, two seated at each piano, including me. Some of the students sang."[19]

The photograph shows girls of a graduating class and pupils of a teacher-training class in formal dresses and pinafores.

Фото № 11. Концерт

Концерты в Смольном давались довольно часто. Они приурочивались к значимым дням — визитам монархов, официальных лиц ведомства, к юбилеям и выпускным экзаменам. В основном, в начале двадцатого века концерты состояли из музыкальных пьес, но могли включать в себя и театрализованные постановки, и так называемые живые картины (нечто вроде инсценированных фотографий), хотя это было более характерно для девятнадцатого века. Концерты и их подготовка были яркими моментами институтской повседневности и оставляли прекрасное впечатление как у посетителей, так и у участниц.

Особенно запоминались смолянкам концерты, приуроченные к выпускным экзаменам. Дело в том, что некоторые из них были так называемые публичные — на них пускались родственники по специальным билетам. «Потом началась музыка. Две воспитанницы играли соло на роялях, а после этого исполнили на 16 роялях, по две за каждым, в числе которых была и я, оперу „Севильский цирюльник". Часть воспитанниц пела».[19]

На фотографии изображены девушки выпускного класса и ученицы педагогического класса в парадных платьях и передниках.

Photo No. 11: Concert — Фото № 11. Концерт

Photo No. 12: Parlor of a Senior Teacher-Training Class

The teacher-training class that was initiated in the early nineteenth century enrolled only the most diligent and at the same time most impoverished pupils, in order to provide them with a pedagogical education and the subsequent ability to support themselves by giving private lessons or serving as a governess. Admission to this class was difficult, and limited to really good students, who, by virtue of their family or financial situation, had no other prospects. They were called *pepinierki*, from the French word *pépinière*, meaning nursery school or cultivated seedling.

Since it was the really smart and educated girls who became *pepinierki*, the trustees and teachers were particularly attentive to them. The reformer Konstantin D. Ushinsky taught only the *pepinierki*. In the early twentieth century, they had lectures from the famous lawyer and writer Anatoly F. Koni. The photograph shows the visit of the esteemed Smolny trustee Sergei V. Oliv to the *pepinierki* of the senior class.

No less remarkable is the interior of the parlor: a collection of Eastern fans is seen on the screen to the right. A vogue for the East and interest in China and Japan were extremely widespread in the capital during the years of the Russo-Japanese War.

Фото № 12. Салон старшего педагогического класса

В основанный в начале девятнадцатого века педагогический класс набирали только наиболее успешных и в то же время наиболее бедных учениц для того, чтобы дать им педагогическое образование и последующую возможность содержать себя своим трудом за счет частного преподавания или деятельности гувернантки. Попасть в этот класс было сложно, и туда проходили только действительно хорошо успевающие девочки, у которых, правда, в силу их семейного или имущественного положения не было других перспектив. Их называли пепиньерки — от французского слова pépinière, что означало «питомник» или «культивированный саженец».

Поскольку пепиньерками становились действительно умные и образованные девушки, то к ним относились внимательно опекуны и преподаватели. Реформатор Ушинский преподавал только у пепиньерок. В начале двадцатого века известный юрист и литератор А. Ф. Кони читал у пепиньерок лекции. На фотографии изображен визит одного из почетных опекунов Смольного — С. В. Олива к пепиньеркам старшего класса.

Не менее замечателен и интерьер этого салона — на ширме справа размещена коллекция восточных вееров. Мода на восток, интерес к Китаю и Японии были чрезвычайно распространены в столице в годы русско-японской войны.

Photo No. 12: Parlor of a Senior Teacher-Training Class

Фото № 12. Салон старшего педагогического класса

Photo No. 13: Parlor of a Junior Teacher-Training Class

The *pepinierki* were divided into juniors and seniors; the junior class was called "theoretical" and the senior "practical." The *pepinierki* wore gray dresses, and the classes were distinguished only by the color of their bows: the juniors wore light-blue bows and the seniors wore pink. In the pedagogy classes the girls studied the same subjects covered in the regular courses offered at the Institute, but in more depth. Teaching itself was studied in particular depth. The only subject that differentiated the junior *pepinierki* was surprising: the metaphysics of nature, where the focus in class was on the philosophical and theological comprehension of natural phenomena.

The *pepinierki* also had to help the class ladies manage the younger classes and assist the younger girls with their lessons, thereby gaining pedagogical experience. Upon graduation from the Institute, they received a diploma as a private teacher without taking exams. This diploma was awarded by the Ministry of Education and granted the right to engage in private pedagogical practice.

Фото № 13. Салон младшего педагогического класса

Пепиньерки делились на младших и старших. Младший класс назывался теоретическим, а старший — практическим. Пепиньерки носили серые платья, и классы отличались только цветом бантов: младшие носили голубые, а старшие розовые. В педагогических классах девушки изучали те же предметы, что и в институте, но более углубленно. Особенно углубленно изучалась педагогика. Единственным предметом, отличавшим младших пепиньерок, был удивительный предмет — метафизика природы, на занятиях по которому речь шла о философско-богословском осмыслении природных явлений.

Пепиньерки также должны были помогать классным дамам управляться с младшими классами, помогать делать уроки девочкам младших классов и, таким образом, набираться педагогического опыта. По выходе из института они получали диплом домашней учительницы без экзаменов. Этот диплом выдавался Министерством просвещения и давал право на частную педагогическую практику.

Photo No. 13: Parlor of a Junior Teacher-Training Class

Фото № 13. Салон младшего педагогического класса

Photo No. 14: Dancing Class: The Minuet

Dancing was an essential part of the education of a noblewoman. In the opinion of the teachers, it not only made a young woman graceful, but also trained her body and accustomed her to self-control. (This same goal could be achieved even by the style of their dresses; in the nineteenth century, skirt styles changed such that they did not reach the floor, which made visible whether the pupil had placed her foot correctly.)

As one of the pupils recalled, at their final exams, they danced traditional ballroom dances:

> We stood up in long rows and began the minuet and gavotte, smoothly and gracefully curtsying, joining hands, executing a glissade, which created a very graceful moving picture.[20]

Those who for some reason did not make progress in dance had to do extra study, since no free passes were given in this subject. A Smolny student of the 1880s–1890s remembered:

> Dancing lessons took place in the evenings in the reception hall. Two sections danced at the same time.... The room was big, with two rows of windows, white columns and round white chandeliers. At one end were full-length portraits of the three Empresses and a door to the reception staircase, and at the other end were doors to the corridor and the classrooms. They taught us old-fashioned dances, the minuet, gavotte, and the

Фото № 14. Урок танцев. Менуэт

Танцы были необходимой частью воспитания дворянки. По мнению педагогов, они не только делали девушку грациозной, но и вообще формировали тело, приучали к самоконтролю (ту же задачу мог решать даже покрой платьев: в девятнадцатом веке платья стали делать такими, чтобы юбки не доходили до пола и было видно, правильно ли воспитанница ставит ногу).

Как вспоминала одна из воспитанниц, на выпускных экзаменах танцевали именно традиционные бальные танцы:

> Мы встали длинными рядами и начали менуэт и гавот, равномерно и грациозно приседая, подавая друг другу руки, делая глиссе, чрез что и получалась очень стройная движущаяся картина.[20]

Тем, кто по каким-то причинам не успевал по танцам, приходилось заниматься дополнительно, поскольку никаких поблажек в этом предмете не делали. Из воспоминаний смолянки 80-х–90-х гг. девятнадцатого века:

> Урок танцев происходил по вечерам в приемном зале. Танцовали два отделения сразу... Зал большой, в два света, с белыми колоннами и круглыми белыми люстрами. В одном конце портреты трех императриц во весь рост и дверь на приемную лестницу, а в другом конце двери

Photo No. 14: Dancing Class: The Minuet   Фото № 14. Урок танцев. Менуэт

polonaise, which we had to dance at the graduation ball, and also the latest dances. I joined late, and my friends had already been studying for five years, and I had to learn in a month everything that they knew. Nina danced with me during class breaks behind the desks. And I, while walking down the corridors in a pair, would do various steps, looking over my shoulder for the class lady [in order not to get caught].[21]

At the time when the photographs were taken, dancing lessons were still being given outside of class, an additional burden on the girls. Dancing, however, was a respectable diversion for a society woman to enjoy in the company of men. Although, after finishing the Institute, the majority of Smolny girls would never have the occasion to dance to an orchestra, none of them remembered the dance lessons with lazy regret.

From the point of view of the album's semantics, we have yet another reference to eighteenth-century tradition. We know of at least three photographs taken in this class (with the same pupils and evidently on the same day). In these photographs the Smolny girls are dancing three different dances: a Russian dance, a dance with shawls, and a minuet. This means that the compilers of the album had the chance to choose what was depicted. It is likely that the choice of a photograph showing a minuet could have been motivated by the fact that several of the Smolny girls in Levitsky's portraits are depicted dancing a minuet. In any case, it's not hard to tell that his paintings of

в коридор и классы. Нас учили старинным танцам, менуэту, гавоту и польскому, который надо было танцовать на выпускном балу, а также и новейшим танцам. Я поступила поздно, мои подруги учились уже 5 год и и мне пришлось в месяц выучить все, что они знали. Нина танцовала со мной в перемену за партами. А я, идя по коридорам в паре выделывала разные па, оглядываясь на классную даму.[21]

В тот период, когда делались снимки, танцам обучали еще во внеурочное время, что составляло для девочек дополнительную нагрузку. С другой стороны, именно танцы были приличным для светской дамы развлечением с участием мужчин. И хотя большинству из смолянок никогда не приходилось после окончания института танцевать под оркестр, никто не вспоминал об уроках танцев с ленивым сожалением.

С точки зрения семантики альбома, перед нами еще одна отсылка к традиции восемнадцатого века. Дело в том, что известно как минимум три фотографии, сделанных в этом классе (с теми же ученицами и, видимо, в один и тот же день). На этих фотографиях смолянки танцуют три разных танца — русский танец, танец с шалями и менуэт. Это значит, что у составителей альбома была возможность выбирать изображение. Представляется вероятным, что выбор фотографии с менуэтом мог быть сделан благодаря тому, что именно танцующими менуэт изображены некоторые смолянки на портретах

Ekaterina Nelidova and Natalia Borshcheva illustrate the same dance step shown in the photograph.

Photo No. 15: Class 1 of the Neva Section: A Geography Lesson

This photograph begins a series devoted to the pupils' classes.

Certain features are characteristic of all the photographs. First of all, the classes were divided into sections: the Neva section and the City section, depending on which direction the windows of the classrooms faced, toward the river Neva or toward the city's buildings. These classrooms were where lessons were held. Each section had its own classroom, and, with the exception of certain subjects—for example, physics—the teachers came to the classrooms. It was cold in these rooms, as it was in the bedrooms—a tribute to the educational traditions of the eighteenth century, which proclaimed the cold and acclimatization to be a crucial part of strengthening a child's constitution.

During lessons the class lady had to maintain discipline; she kept an eye on the girls' comportment and on any flagging of their attention. She either walked around the classroom or sat in a special place—in the photograph, at the table to the right of the teacher. On the table is an open notebook; during the course of the lesson the class lady took notes on the pupils' behavior, which could serve as the basis

Левицкого. Во всяком случае, не трудно убедиться, что и на фотографии и на портретах Нелидовой и Борщевой изображено одно и то же па.

Фото № 15. 1 класс Невского отделения. Урок географии

Эта фотография открывает серию, посвященную учебным занятиям воспитанниц.

Здесь я обращу внимание на особенности, характерные для всех фотографий. Во-первых, классы делились на отделения — Невское и Городское — в зависимости от того, на какую сторону приходились окна классов — на реку Неву или в сторону городской застройки. В этих классах и проходили занятия. Каждому отделению полагался свой класс, и преподаватели, за исключением некоторых предметов, например, физики, приходили в классы. В классах, как и в спальнях, было холодно — дань традициям воспитания восемнадцатого века, которые провозглашали холод и закаливание необходимой частью укрепления детского организма.

На занятиях дисциплину должна была поддерживать классная дама, она же следила за осанкой девочек и за тем, чтобы внимание их не ослабевало. Она должна либо ходить по классу, либо сидеть на специальном месте — стол на фотографии справа от учителя. На столе открыта тетрадь: в ходе урока классная дама вела записи о поведении воспитанниц, на основании которых могла of reports made to the headmistress of the Smolny Institute. However, the main purpose of these notes was to serve as a basis for grading behavior, one of the most important components of the final grades for the less well-born girls. Such a note could sound like this: "Saturday, December 7. Not satisfied with the behavior of the class, especially with Molchina, who during the Russian language lesson was preoccupied and didn't answer any of the questions asked by the teacher, for which she received a grade of 1. . . ."[22]

The length of a lesson in the mid-nineteenth century was an hour and a half; after the reforms of the 1860s, an hour and fifteen minutes; and at the beginning of the twentieth century, an hour. Take a look at the girl in dark clothes at the far right. This is one more sign of the new times—she is a day student, which was by then being allowed as an exception.

**Photo No. 16: Class 1 of the City Section:
A History Lesson**

Although not significantly different from other subjects in terms of teaching methodology, history occupied a prominent place among them. The 1852 *Manual for the Education of the Pupils of Female Educational Institutions* required that history provide, first of all, a faithful rendering of the past from a specific monarchical point of view:

делать доклады начальнице института Смольного, но самое главное предназначение этих записей в другом: на их основании выставлялась оценка за поведение, которая была одной из главных составляющих итоговых оценок, предназначенных для менее родовитых девушек. Такая запись могла, например, звучать так: «Суббота, 7 декабря. Поведением класса не довольна, особенно Молчиной, которая во время урока русского языка занималась посторонним и ни на один из предложенных учительницей вопросов не дала никакого ответа, за что получила 1…».[22]

Время урока в середине девятнадцатого века было полтора часа, после реформ 1860-х гг. — час 15 минут, и в начале двадцатого века — час. Обратите внимание на девочку в правом крайнем ряду в темной одежде. Это еще один знак нового времени: она экстерн, что уже допускалось в виде исключения.

**Фото № 16. 1 класс Городского отделения.
Урок истории**

Не отличаясь существенно по методике преподавания от других предметов, история занимала среди них видное место. Наставление для образования воспитанниц женских учебных заведений 1852 г. требовало от истории прежде всего формирования верноподданного с определенным, монархическим, взглядом на прошлое:

Photo No. 15: Class 1 of the Neva Section: A Geography Lesson

Фото № 15. 1 класс Невского отделения. Урок географии

The false brilliance attributed to the ancient republics—Greek and Roman—should be replaced by a precise account of the condition of these states, with all their chaos and imperfections, and with an explanation that history serves as the best proof of the necessity of a Monarchical form of government. . . . In general, it should be explained that the leveling of all classes and conditions is an unrealizable chimera—an attempt made at different times and by different peoples, always with the same lamentable results. . . . In order to educate Russian maidens, it is necessary to show them how God himself has protected Russia from enemies both foreign and domestic by means of two heaven-sent foundations that serve as the cornerstones of its existence: Orthodox Christianity and Autocracy![23]

It should be noted that in the early twentieth century the number of hours spent on the study of history was increased, in order to devote more attention to current developments. The significance of history for the Institute is shown by the fact that there were enough copies of textbooks for each pupil to have her own for only two subjects: French and history. For all other subjects, two pupils had to share each textbook.

Ложный блеск, в котором представлялись древния республики — Римские и Греческие, должен замениться точным объяснением положения сих государств со всеми их неустройствами и несовершенствами, и с пояснениями того, что история именно служит лучшим доказательством необходимости Монархического правления… Вообще следует объяснять, что уравнение всех сословий и состояний есть химера несбыточная — попытка разных времен и народов, имевшая всегда одни и те же плачевные результаты… Чтобы воспитывать девиц Русских, надобно указывать им на то, как сам Бог охранял Россию от врагов внешних и внутренних двумя спасительными началами, составляющими краеугольные камни ее бытия: Православием и Самодержавием![23]

Следует заметить, что в начале двадцатого века количество часов, предназначенных для изучения истории, было увеличено, чтобы больше уделить внимания современности. О значимости истории для института свидетельствует тот факт, что только два предмета были обеспеченны учебниками настолько, чтобы у каждой из воспитанниц был личный учебник: это французский и история. Для всех остальных предметов учебник полагался один на двоих.

Photo No. 16: Class 1 of the City Section: A History Lesson

Фото № 16. 1 класс Городского отделения. Урок истории

Photo No. 17: Class 2 of the Neva Section: A Needlework Lesson

Needlework was considered one of the most important subjects at the Institute. According to the 1852 *Manual*,

> These pursuits, which are a component of female identity, are essential.... For some of them, needlework will serve as the chief means of earning a living for the pupil herself and even for her family. But even for a gifted student of comfortable means, it is necessary to know how to cut out and sew underwear and a dress and to do everything related to women's clothing. This makes her both thriftier and more lenient to her servants, and also more effective in household management.[24]

Needlework meant, above all, the art of sewing and embroidering. "We sewed underwear, did embroidery, embroidered rugs, pillows for gifts, and presents for royalty," recalled one of the Smolny students. They also embroidered with gold, and worked with silk and satin.[25] However, the most well-known objects made by the Smolny students were little balls made of silk, with gold and silver thread and sequins; first and foremost, they were given as gifts for Easter instead of the traditional Russian eggs. This curious custom dates from the eighteenth century and shows to some extent the European roots of many Smolny traditions: in Russia, playing games with balls at Easter was not widespread. The balls were given to the priest, favorite

Фото № 17. 2 класс Невского отделения. Урок рукоделия

Рукоделие считалось одним из самых важных предметов в институте. Как гласило наставление для обучения девиц 1852 г.,

> Занятия сии, составляющие принадлежность женского пола, суть предмет существенно необходимый... Рукоделия составляют для некоторых главное средство к пропитанию самой воспитанницы и даже семейства её. Но и для воспитанницы даровитой и достаточной необходимо уметь кроить шить белье и платье и делать все то, что для женской одежды относиться. Она чрез это сделается и бережливее и снисходительнее к прислуге, а также полезнее в хозяйстве.[24]

К рукоделию относилось, прежде всего, искусство шить и вышивать. «Шили белье, вышивку, вышивали ковры, подушки для подарков, и подношения царствующим особам», — вспоминала одна из смолянок. Также вышивали золотом, работали с шелком и атласом.[25] Однако наиболее известным предметом, который изготавливали смолянки, были мячики — шелковые, с золотой и серебряной нитью и блестками, их прежде всего дарили на Пасху вместо традиционных в России яиц. Этот любопытный обычай шел еще с восемнадцатого века и отчасти указывает на европейские корни многих смольнинских традиций: в России игры с мячом на

Photo No. 17: Class 2 of the Neva Section: A Needlework Lesson

Фото № 17. 2 класс Невского отделения. Урок рукоделия

persons, the monarch, and relatives. Not one ball has been preserved, and it is only thanks to this photograph that we can imagine what they looked like: to the right in the background, one of the pupils is making just such a ball.

Photo No. 18: A Drawing Lesson

Although art was taught at the Institute, no great artists emerged from within the Smolny's walls (the same cannot be said about musicians). This was apparently connected to the fact that painting was considered a less noble pursuit, and did not receive serious attention. In any event, according to the reminiscences of a Smolny student, "the pupils made drawings of geometrical figures, plaster-of-Paris ornaments, and of landscapes, heads and other subjects from the originals. They painted few watercolors, and no one attempted oil painting. There were almost no students with outstanding abilities, and since they studied drawing for no more than two hours a week, little could be accomplished."[26]

Пасху не были широко распространены. Мячики дарились священнику, обожаемым персонам, монарху и родне. Ни одного мячика до нас не дошло и только благодаря этой фотографии мы можем представить себе, как они выглядели: справа на заднем плане одна из воспитанниц как раз изготавливает такой мячик.

Фото № 18. Урок рисования

Хотя рисование и преподавалось в институте, но больших художников из стен Смольного не вышло (чего не сказать о музыкантах). Видимо, это было связано с тем, что живопись считалась менее благородным занятием и ей серьезного внимания не уделялось. Во всяком случае, по воспоминаниям смолянки, «воспитанницы рисовали с геометрических фигур, с гипсовых орнаментов, с оригиналов пейзажи, головки и др. картины. Акварелью писали мало, к масляным краскам никто не приступал. Учениц с выдающимися способностями почти не бывало и занимавшись рисованием всего два часа в неделю немного можно было сделать».[26]

Photo No. 18: A Drawing Lesson					Фото № 18. Урок рисования

Photo No. 19: A French Lesson

French was one of the most important classes in the Institute. German was always harder for the students, but the French learned at the Smolny Institute was often the hallmark of a Smolny girl, along with her bearing and grace. During various periods in the history of the Institute, the teaching of the majority of subjects was done in French, and, in general, Smolny students were forbidden to speak Russian among themselves. Practically all Smolny Institute slang was in French: the best students were called *parfetki* (from *parfaite*, or "perfect"), and the worst were called *moveshki* (from *mauvaise*, or "bad").

When the decision was made in 1911 to have students of the pedagogical courses graduate with specialization in a specific subject, they usually obtained the status of teachers of French. French at the Institute was often taught by French people, among whom there were different sorts: both freethinkers and conservatives. Starting in the nineteenth century, however, more emphasis was placed on their qualifications (although they could still be fired for excessively republican ideas).

Фото № 19. Урок французского языка

Это один из самых значимых уроков в институте. Немецкий воспитанницам всегда давался тяжелее, но французский Смольного института часто был визитной карточкой смолянки, как и ее осанка и грация. В некоторые периоды истории Смольного института преподавание большинства предметов шло на французском языке, и смолянкам вообще запрещали говорить между собой по-русски. Практически весь «арго» смольного института был на французском языке — лучшие ученицы назывались парфетками (от parfaite — совершенная), а худшие — мовешками (от mauvaise — дурная).

Когда выпускницам педагогических классов в 1911 г. решили присвоить предметную специализацию, то прежде всего они получали статус преподавательниц французского языка. Французский в институте часто преподавали французы, среди которых были разные люди — и вольнодумцы, и консерваторы, но с девятнадцатого века главное значение придавалось их квалификации (хотя за чересчур республиканские мысли могли и уволить).

Photo No. 19: A French Lesson   Фото № 19. Урок французского языка

Photo No. 20: A Physics Lesson

Physics was one of the most difficult and hated disciplines for the girls. Not many of them felt the necessity and importance of a knowledge of physics. As a Smolny student of the 1840s recalled, "[T]here were even sciences that were acknowledged to be useless by the administration and that were taught lackadaisically. Physics was at the top of that list. . . ." And when suddenly one of the teachers turned out to be a serious scientist, he came in conflict with the girls, who did not like serious instruction in such a useless subject. "This led to a perpetual struggle between the professor and the pupils, a struggle that was on our side fierce and full of implacable malice and on the old professor's side especially icily contemptuous."[27]

Nevertheless, the situation appears to have changed in the early twentieth century, perhaps not in attitudes; but at the very least, the lab equipment reflects a serious attitude and a professional approach to the subject. True, the lab is equipped with old desks, but it has modern electrical instruments, an exhaust hood, and a projection screen.

Фото № 20. Урок физики

Физика была одной из самых сложных и ненавистных для девочек дисциплин. Не многие из них чувствовали необходимость и важность физических знаний. Как вспоминала смолянка 40-х гг., «были даже науки, самим начальством признававшиеся бесполезными и преподававшиеся, как говорится, "спустя рукава". Во главе таких наук стояла физика…». И когда вдруг один из преподавателей оказался серьезным ученым, он вступил в конфликт с девушками, которым не нравилось серьезное преподавание такого ненужного предмета. «Отсюда вечная борьба между профессором и ученицами, борьба ожесточенная и полная непримиримой злобы с нашей стороны и как-то особо холодно презрительная со стороны старого профессора».[27]

Тем не менее, ситуация к началу двадцатого века, очевидно, изменилась — если не в отношениях, то хотя бы в оборудовании кабинета видна серьезность отношения к делу и профессиональный подход. Кабинет, правда, оборудован старыми партами, но в нем есть современные электрические приборы, вытяжной шкаф и проекционный экран.

Photo No. 20: A Physics Lesson

Фото № 20. Урок физики

Photo No. 21: A Lesson in Sacred Music

This photo is missing in the Kovaleff Baker album, but it is present in the copies preserved in the archive and library.

As in many Christian services, the Orthodox Christian service included choral singing. In the church of the Smolny Institute, the girls themselves sang, and they also participated in services at the main cathedral of the Smolny Convent. Therefore, they had to learn specifically this skill. Those who heard the singing of the Smolny girls remarked on its purity and harmony.

Фото № 21. Урок духовного пения

В публикуемом альбоме этот снимок утрачен, но он присутствует в альбомах, хранящихся в архиве и библиотеке.

Как и многие христианские богослужения, православное предусматривало хоровое пение. В церкви Смольного института смолянки пели сами, также они участвовали в службах в главном соборе Смольного монастыря. Поэтому им приходилось учиться специально этому искусству. Те, кто слышал пение смолянок, отмечали его чистоту и гармонию.

Photo No. 21: A Lesson in Sacred Music

Фото № 21. Урок духовного пения

Photo No. 22: A Gymnastics Lesson

Despite the conservative ideology of its education, the Smolny was an advanced educational institution when it came to hygiene and sanitation, especially from the mid-nineteenth century on. Gymnastics was introduced in the first half of the nineteenth century. The pupils engaged in gymnastics according to a special program drawn up specifically for female institutes. The program included running; jumping rope; climbing stairs; various movements of the head, arms, and legs; walking along a horizontal post with a weight in one's hands; swinging on a trapeze; and running with gigantic steps.

At the beginning of the twentieth century, the program was strengthened; gymnastics was made a required subject for everyone, but seniors studied it "together with dancing."[28] This is a typical example of administrative cunning: seniors did not actually study gymnastics until the reforms of 1911, when physical culture was introduced as a required subject.

Photo No. 23: Class 6 Before a Stroll

Here we see one of the younger classes gathering for a stroll. The girl leaning on the wall to the right apparently had recently been ill: this is shown by her

Фото № 22. Урок гимнастики

Несмотря на консервативную идеологию образования, Смольный был передовым учебным заведением в области гигиены и санитарии, особенно с середины девятнадцатого века. В первой половине девятнадцатого века в институте была введена гимнастика. Гимнастикой занимались по особой программе, составленной специально для женских институтов. В программу входило бегание, прыгание через шнур, восхождение по ступеням лестницы, различные движения головой, руками и ногами, хождение по горизонтальному столбу с тяжестью в руках, качание на трапеции, беганье на гигантских шагах.

В начале двадцатого века эта программа усилилась, гимнастика была сделана обязательным предметом для всех, но старшие занимались ею «вместе с танцами»,[28] что было обычной административной хитростью — фактически старшие гимнастикой не занимались — вплоть до реформ 1911 г., когда уже была введен урок физической культуры в качестве обязательного предмета.

Фото № 23. 6 класс перед прогулкой

Перед нами собирающийся на прогулку один из младших классов. Девочка, опирающаяся на стену справа от нас, видимо, недавно перенесла какую-

Photo No. 22: A Gymnastics Lesson — Фото № 22. Урок гимнастики

cropped hair. (The cutting of hair was often part of treatment—ice was applied to the shorn head to lower the temperature.) Haircuts like this were forbidden, and would not have been allowed unless there were serious reasons for them. As a rule, hairstyles were strictly regulated, although, during different periods of the Institute's history, with varying degrees of rigidity. In the 1840s, the following hairstyles were typical: "[T]he youngest class was required to curl their hair; the intermediate class had to put their hair in braids that were pinned up with thick bows made of ribbon; and the senior class, ... wearing the obligatory tall tortoise-shell combs, did their hair in a particular way, wearing one braid that hung down especially low."[29] A pupil from the 1860s recalled the hairstyles differently—in the period of reforms and uncertainty, control was somewhat relaxed: "The pupils did their hair as they saw fit, but bad braids were without fail covered up by bows of black ribbon, and short hair was curled. Hardly any of the pupils had completely smooth hair; most wore ringlets or wavy embellishments, which they tried in every way to make look natural."[30] They tried in particular, according to the memoirist, to cover a high forehead, since an extremely high forehead was considered unseemly for a woman. By the beginning of the twentieth century, as we can see from the photographs, a new uniformity reigned: almost all the pupils in the photographs wear one braid, which is only occasionally pinned up, as, for example, in physical education and needlework classes. Nevertheless,

то болезнь — об этом свидетельствует ее коротко остриженная голова (состригание волос часто было частью лечения — к остриженной голове прикладывали лед и так сбивали температуру): подобные прически были запрещены и без серьезных оснований короткие волосы не разрешили бы носить. Вообще прически были строго регламентированы, хотя в разные периоды истории института к ним могли относиться с той или иной степенью строгости. Для 40 гг. были характерны следующие прически: «…меньший класс должен был обязательно завивать волосы, средний — заплетать их в косы, подкалываемые густыми бантами из лент, а старший… нося обязательно высокие черепаховые гребенки, причесывался по особому, в одну косу, спуская ее как-то особенно низко».[29] Воспитанница 60-х гг. вспоминала о прическах иначе — в период реформ контроль был несколько ослаблен: «Голову воспитанницы причесывали по своему смотрению, лишь плохие косы обязательно прикрывались бантами из черных лент, а стриженные волосы подвивались. Мало кто из воспитанниц причесывался совершенно гладко, преобладали кудерьки или волнообразные украшения, которым всячески старались придать безыскусственный вид».[30] Особенно, по словам мемуаристки, старались прикрыть высокий лоб, поскольку чрезмерно высокий лоб считался для женщины неприличным. К началу двадцатого века, как мы видим по фотографиям, воцарилось новое однообразие: почти все воспи-

Photo No. 23: Class 6 Before a Stroll

Фото № 23. 6 класс перед прогулкой

hairstyles were important: they symbolized order and breeding. No wonder we know that a pupil in the mid-nineteenth century who had been punished could be singled out by having her braids loosened, and that a dissatisfied pupil of the early twentieth century cut her own braids off as a sign of protest.

Photo No. 24: Class 7. A Lesson in Needlework

The younger classes, according to the recollections of many Smolny girls, were not overloaded with schoolwork. The pupils shown in the photo, in the spirit of the established tradition of female education, are studying the simplest form of needlework: they are using a pattern to embroider figures. The girls in the background are embroidering something that could well turn out to be a gift carpet or coverlet for an important personage visiting the Institute.

Photo No. 25: The Dining Room

The dining room was both a place for eating and a place for punishment (the famous black table where offending girls were seated as punishment was there), and a place for education in the broadest sense of the

танницы на фотографиях носят одну косу, изредка закалывая ее, например на уроках физкультуры и рукоделия. Но прически, тем не менее, были важны: они символизировали порядок и воспитание. Недаром до нас дошли сведения о том, что наказанную воспитанницу середины девятнадцатого века могли выделять, распуская ей косы, а недовольная воспитанница начала двадцатого века обрезала себе косы в знак протеста.

Фото № 24. 7 класс. Урок рукоделия

Младшие классы, по воспоминаниям многих смолянок, не слишком перегружали учебой. Воспитанницы, изображенные на снимке, в духе уже обозначенной традиции женского воспитания учатся простейшему вышиванию — они вышивают по шаблону цифры. Девочки на заднем плане вышивают нечто, что вполне может впоследствии стать подарочным ковром или покрывалом, преподносимым важным персонам, посещающим институт.

Фото № 25. Столовая

Столовая была и местом приема пищи, и местом наказания (здесь находился знаменитый черный стол, за который сажали провинившихся смолянок), и местом воспитания в самом широком смыс-

Photo No. 24: Class 7. A Lesson in Needlework

Фото № 24. 7 класс. Урок рукоделия

word. As early as 1764, the Charter stipulated that "the Headmistresses and teachers should show the maidens how to eat in an orderly and neat manner at the table, as well as proper deportment and a pleasant courtesy in their conversation...."[31]

The one thing that almost all Smolny students complained about was the food. Most of the memoirists recall bad cooking, although a familiarity with the menu does not suggest that the food was bad. It is true that the only menu we have from the time of the album's creation is from the Alexandrovsky Institute, but the students in the Smolny Institute should have been fed no worse. For instance, on a Sunday in June 1904 at the Alexandrovsky Institute, dinner consisted of: pot-au-feu, *pirozhki*, a main dish of chicken with salad, and ice cream; for tea, there were meatballs in sour cream and soft-boiled eggs. On Monday: green cabbage soup with eggs, veal cutlets with peas, and *khvorost* pastries; for tea, beef *pelmeni*, new potatoes with butter.... On Tuesday: meatball soup, a main dish of beef with macaroni, kissel with milk; for tea, cutlets with vegetable garnish, and radish with butter.[32] Of course, we know nothing about the quality or quantity of these dishes, but the pupils were constantly hungry; the nineteenth-century memoirists in particular make note of this. In their opinion, food was being pilfered and reminded them of

> army supplies during wartime, when more troops perished from the abuses of the quartermaster's

ле слова. Еще в уставе 1764 г. указывалось, что «Госпожи Начальницы и учительницы должны девицам указывать приемы, как при столе порядочно и чисто кушать, також приличную осанку и приятную между собою в словах учтивость…».[31]

Единственное, на что жаловались почти все смолянки — это еда. Большинство мемуаристок вспоминает плохую кухню, хотя знакомство с меню не наводит на мысль о плохой еде. Для времени создания альбома есть, правда, только меню для Александровского института, но в Смольном кормить хуже были не должны. Итак, в июне 1904 г. в Александровском институте подавали на обед в одно из воскресений — суп потофё, пирожки, жаркое куры с салатом и мороженое; на полдник — битки в сметане, яйца всмятку. В понедельник — зеленые щи с яйцами, телячьи котлеты с горошком, хворост. Полдник — пельмени с говядиной, молодой картофель с маслом… Во вторник — суп с фрикадельками, жаркое говядины с макаронами, кисель с молоком, полдник — котлеты с гарниром, редиска со сливочным маслом.[32] Мы, конечно, не знаем ничего о качестве или количестве этих блюд, но у самих воспитанниц было постоянное чувство голода; особенно это отмечали мемуаристки девятнадцатого века. Еда, по их мнению, разворовывалась и могла напоминать

> то довольствование армии на войне, когда от злоупотреблений интендантских чиновников

Photo No. 25: The Dining Room

Фото № 25. Столовая

staff than from enemy bullets and grapeshot.... The portions were definitely short by half. They served a half-cup of tea in the morning, and also half a French roll. For breakfast there was a little buckwheat porridge or a pasty with kasha or meat stuffing, depending on what was left over from dinner the day before. It was obvious that they gathered the leftovers from the plates, because almost no one ate the meat, and a lot was left over that was then turned into stuffing for pasties.[33]

To be fair, it must be said that there are also memoirs in which complaints about the food are explained by the lavish quality of the cooking the students enjoyed at home.

Hunger or greed often made the pupils overstep the rules of propriety. Sofiia Markova's diary contains a passage describing a gala dinner attended by Smolny girls:

> When they served the main course, we, hoping that they would not see us, took the bones in both our hands and began to gnaw at them. Suddenly Leschetizky turned around. We dropped the bones and leaned back on our chairs. We quickly emptied all the jars of honey, which they had just brought to the table, and we gorged ourselves on so much ice cream that I was expecting the next day to be if not without a throat, then certainly without a voice [because of consuming so much cold ice cream].[34]

гибнет больше войска, чем от неприятельских пуль и картечи… От порции урезывалась непременно половина. Чаю давали утром по полкружки, французской булки тоже половину. К завтраку немного гречневой каши или по пирогу с кашей или мясным фаршем, смотря по тому, что было накануне к обеду. Очевидно было, что остатки с тарелок собирали, потому что особенно мяса почти никто не ел и его оставалось много, и превращали, конечно, его в начинку для пирогов.[33]

Справедливости ради, стоит сказать, что есть и мемуары, в которых претензии к еде объяснялись чрезмерной избалованностью в домашней пище.

И очень часто голод или жадность заставляли воспитанниц переступать через правила приличия. В дневнике С. Марковой есть эпизод, который описывает парадный обед, на котором присутствовали смолянки:

> Когда подали жаркое, то мы, надеясь, что нас не увидят, взяли кости в обе руки и начали глодать. Вдруг Лешетицкий обернулся. Мы бросили кости и откинулись на спинки стульев. Мы быстро опоражнивали все бутылочки с медом, которые только попадали к нам на стол, и столько накушались мороженного, что я надеялась быть на следующий день если не без горла, то уж наверное без голоса.[34]

Photo No. 26: The Washroom

As early as the Charter of 1764, the rules of hygiene were emphasized: "The Headmistresses should do everything possible to ensure the cleanliness and neatness of the young maidens."[35]

In the 1860s and 1890s, the washrooms formed one unit with the bedrooms. There was no exit to the corridor from the bedrooms; the only way out was through the washroom, and maidservants slept there at night: "[I]n front of the bedroom there was a washroom with six faucets, where our two housemaids slept. . . ."[36] On the other side of the bedroom was the class lady's room. Thus the washroom fulfilled both a hygienic function and a supervisory one. If we compare Photos 26 and 27 of a washroom and a bedroom, we can see that the situation had not changed very much by 1905: in the upper right corner is the exit from the bedroom to the washroom.

Фото № 26. Умывальная

На соблюдение правил гигиены обращалось внимание уже в уставе 1764 г.: «Начальницы всевозможное старанье прилагать обязаны о чистоте и опрятности молодых девиц».[35]

И в 60-х, и в 90-х гг. девятнадцатого века умывальные составляли одно целое со спальнями. Спальни не имели выхода в коридор — выйти можно было только через умывальню, а в ней ночью спали служанки: «перед спальней была умывальня с шестью кранами, там спали две наши горничные...».[36] С другой стороны спальни была комната классной дамы. Таким образом, умывальная выполняла не только гигиенические, но и дисциплинарные функции. Если сравнить фотографии № 26 и 27, умывальной и спальной комнат, представленные в этом альбоме, то мы увидим, что ситуация к 1905 г. не слишком изменилась. Из спальни в правом верхнем углу выход в умывальную комнату.

Photo No. 27: The Dormitory

The bedroom was called the dormitory. In many of the memoirs the dormitory is described in the same way: "[A] serving girl took me into a huge room, along both sides of which, with a passageway in the middle, stood beds; beside each of them was a small table, and at the foot a short bench." That is a Smolny girl's description

Фото № 27. Дортуар

Дортуаром называлась спальная комната. Дортуар описывается в целом одинаково во многих мемуарах. «[С]лужащая девушка ввела меня в огромную комнату, по обеим сторонам которой, с проходом посередине, стояли кровати, возле каждой из них по столику, а в конце по табуретке», — это пишет

Photo No. 26: The Washroom

Фото № 26. Умывальная

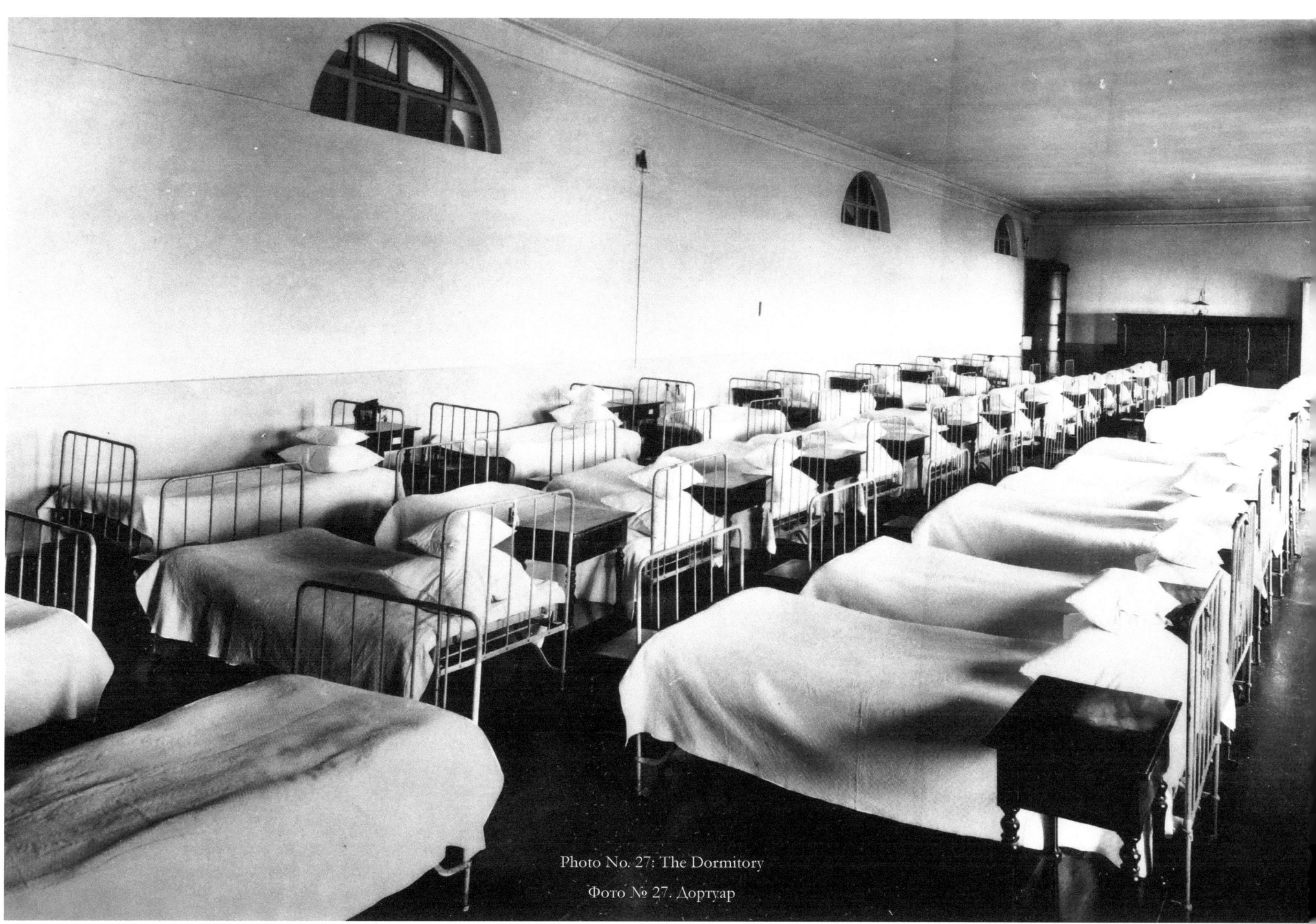

Photo No. 27: The Dormitory

Фото № 27. Дортуар

of a dormitory in 1839.[37] And this is a description from the 1860s:

> The decoration of the dormitory was extremely simple. In the middle stood two rows of iron beds with soft mattresses and one pillow. The white flannel blankets had been washed many times and had become thin. During winter nights, everyone shivered from the cold, because the blankets did not keep us warm, and for some reason they did not let us have our own. . . . By every bed there was a white wooden table with drawers and a bench. We put our box under the table. In the table drawers were stored the following: in the top drawer toiletry articles such as combs, brushes, soap, a towel, and in the lower spare shoes. The drawers were opened every morning, when the beds were made and a class lady walked around the dormitory to check that everything was in order.[38]

Thirty years later, another description of a dormitory: "After preparing our lessons, we went to the bedroom, a long room with two rows of beds covered in identical gray blankets. Next to each bed stood a small table, beneath it a personal box containing small things, and at the foot of the bed a short bench for underwear and clothing."[39] Yet, despite the homogeneous and boring descriptions, this room played an exceptional role in the life of Smolny girls. Here relationships developed, plots were hatched, ghost stories were told; from here they looked outside, dreaming about real life (therefore the most valued

dormitories were those with windows overlooking the Neva—there you could see the sunrise in the morning); here battles played out with the class lady, who tried to catch those still awake after the appointed time. We have many comic instances of this perpetual conflict. For example, after receiving from relatives a roll with pheasant meat, which was strictly forbidden, a girl decided to eat it at night in the dormitory, but no sooner had she laid out her provisions than a class lady walked into the room: "I quickly cover the roll with my blanket and pretend I'm asleep. She walks over to me, sits down on the bed, right on top of the roll, and begins to chat. So much for my treat."[40]

Photo No. 28: Therapeutic Gymnastics

As with gymnastic lessons in general, no reminiscences about therapeutic gymnastics have been preserved. The first attempts to introduce therapeutic gymnastics were recorded in 1840. The post of chief supervisor of therapeutic gymnastics for the strengthening of health was instituted in 1868. At the beginning of the twentieth century, the system was as follows: The pupils were divided into groups of not more than twenty-five on the basis of "similar body-shapes and conditions." "[Each group was to be assigned,] according to a special prescription, the appropriate gymnastic exercises, which, under direct and constant ... supervision, were to be led by trained gymnasts." "Therapeutic-gymnastic

ры с окнами на Неву — там утром был виден восход солнца); тут разворачивалась борьба с классной дамой, которая стремилась поймать неспящих после положенного времени. Сохранилось множество комических эпизодов этого бесконечного противостояния, например, такой: получив от родни булку с мясом фазана, что было строжайше запрещено, институтка вознамерилась съесть ее ночью в спальне, но только она разложила припасы, как в комнату вошла классная дама. «Скорее прикрываю булку одеялом и делаю вид, что сплю. Она подходит ко мне, садится на постель, как раз на булку, и начинает беседовать. Пропало угощение».[40]

Фото № 28. Врачебная гимнастика

Как и про уроки гимнастики вообще, так и про уроки врачебной гимнастики воспоминаний не сохранилось. Первые попытки ввести врачебную гимнастику зафиксирована в 1840 г. В 1868 г. была введена должность главного наблюдателя за врачебной гимнастикой для укрепления здоровья. В начале двадцатого века эта система выглядела так: воспитанницы делились на группы по «сходству телосложения и недугов», но не более 25 человек. Следовало назначить «каждой группе, по особому рецепту, соответственных гимнастических упражнений, которые, под непосредственным и постоянным… наблюдением, должны быть направляемы выучен-

exercises should be scheduled daily, but no fewer than five times a week; the study of therapeutic gymnastics should be scheduled in the mornings from 9 to 12, and every sick pupil should participate daily and for not less than a half-hour a day."[41] According to Smolny Institute historian N. P. Cherepnin, the therapeutic gymnastics classes were so unusual that the younger classes for some time considered them not gymnastic classes but punishment.[42] It should be noted that there had never been anything like this in the educational institutions of the Ministry of National Education; for its time (1868), the introduction of therapeutic gymnastics was an extraordinarily progressive move.

Photo No. 29: Outpatient Reception
Photo No. 30: Infirmary
Photo No. 31: Corridor in the Infirmary
Photo No. 32: Contagious Ward

This series of photographs displays the pride of the Institute: its medical facilities. It is no accident that this conceptual unit is represented by four photographs together. No other secondary educational institution in Russia could boast of anything comparable, and in no album known to us has so much space been given to a "medical department." The conceptual unity of these photos calls for a single commentary.

Photo No. 28: Therapeutic Gymnastics

Фото № 28. Врачебная гимнастика

Photo No. 29: Outpatient Reception

Фото № 29. Амбулаторный прием

Photo No. 30: Infirmary

Фото № 30. Лазарет

Photo No. 31: Corridor in the Infirmary

Photo No. 32: Contagious Ward

Фото № 32. Заразный лазарет

As early as the 1764 Charter, a great amount of attention was given to health care: the Charter stipulated creation of the positions of practitioner (*lekar'*) and doctor (*doktor*), and the allocation of a special place for the sick, "which would be most conducive to relief from their ailments, near the garden."[43] The sick had to be looked after around the clock, "without sparing any effort," for which special personnel were designated; other pupils were strictly forbidden contact with the sick. Obviously, in the Russia of the late eighteenth century, this was a model of progressive medical practice.

The fight for the life and health of the pupils was waged with varying success. We do not have any exact statistics at our disposal regarding the mortality rate of pupils over the course of the 150 years of the Institute's history, but the fight had its victories and its defeats. Thus in 1848, a cholera epidemic was prevented, but in 1855, the death rate of pupils from this disease had risen so high that a special commission was organized to investigate the cause.[44] When necessary, a court physician or a professor from the Academy of Medicine was sent to the pupils by order of the Emperor or the Empress, but this did not always help. For example, in 1885 Princess Maria Chernogorskaia died at the Smolny; she was one of the few representatives of the highest European aristocracy to study at the Smolny. Overall, the death rate was not high: not one pupil died in 1897, for example, and in 1898 two died, both of pneumonia.[45] Compared with the average rate of mortality in Russia, this was an unprecedented success.

Such an achievement was possible thanks to the vigilant supervision of the pupils. Photo No. 29 depicts "Outpatient Reception": this was the daily survey of pupils by class ladies and maids to detect complaints and illnesses in their early stages.

The pupils themselves sometimes dreamed of ending up in the infirmary, regarding it as an opportunity for a break from boring classes and for a meal; the food in the infirmary was much better. A Smolny student of the 1860s recalls the infirmary: "Each age-group had its own section; the rooms were bright, high-ceilinged, and well-heated. . . . Each section had its own matron, who was constantly with the patients, day and night. . . ." The food was excellent: "[T]hey served thick meat bouillon with pieces of boiled chicken, cutlets, roast meats, berry kissel, cakes, white bread, and enough of everything. . . . The patients in the infirmary, if they were not too weak, read and played cards. . . ." The Smolny student concludes her reminiscences with the following life-affirming passage: "[A]fter resting up in the infirmary, I went back to my section."[46]

In the early twentieth century, the medical staff of the Smolny consisted of two doctors, one senior, the other junior, and six individuals who tended the infirmary.

обе от воспаления легких.[45] По сравнению со средней смертностью в России — это невиданный успех.

Подобное достижение было возможным благодаря неусыпному надзору за воспитанницами — на фотографии № 29 изображен «Амбулаторный прием» — под этой процедурой подразумевался ежедневный опрос классными дамами и служанками воспитанниц на предмет выявления жалоб и заболеваний на ранних стадиях.

Сами воспитанницы иногда мечтали попасть *в лазарет*, воспринимая его как возможность отдохнуть от надоевших занятий и подкрепиться: *в лазарете гораздо лучше кормили*. Вот как вспоминает о лазарете смолянка 60-х гг. девятнадцатого века: «Каждый возраст имел свое отделение, комнаты были светлые, высокие и хорошо отапливаемые… При каждом отделении была своя надзирательница, находившаяся при больных день и ночь неотлучно…». Пища была превосходная: «подавали крепкий мясной бульон с кусками вареной курицы, котлеты, жаркия, ягодные кисели, пирожные, белый хлеб, все в достаточном количестве… Больные в лазарете, если не были очень слабы, занимались чтением и игрой в карты…». Заканчивает свои воспоминания смолянка следующим жизнеутверждающим пассажем: «отдохнув недолго в лазарете, я вернулась в отделение».[46]

В начале двадцатого века медицинский штат Смольного был укомплектован двумя врачами, старшим и младшим, и шестью лицами, обслуживающими лазарет.

Photo No. 33: Garden
Photo No. 34: Hills
Photo No. 35: Skating Rink

The next series of photographs is devoted to the Smolny girls' promenades in the Smolny's garden, located between the building and the Neva; also shown are their activities, tobogganing and ice skating.

Walks were a required part of education from the very foundation of the Institute. As the Charter stated in 1764, "[I]t is extremely necessary that maidens stroll in the gardens, be nourished by the fresh and healthy air, especially when the season is suitable for that; because nothing is so beneficial to their health; . . . and when the weather is bad, in places especially constructed for that purpose."[47]

The walks could be arranged at various times: during good weather, between breakfast and the start of classes, after dinner and even after supper. The winter walks depicted here required special clothing, the colors of which we can imagine thus: "If the weather was cold, we dressed in clumsy green cloaks, with wide sleeves with elastic bands at the wrists, and gray hoods with a red lining. On formal occasions, the hoods were worn with the red side out."[48] The Smolny girls in the photographs are actually shown in cloaks and hoods, and since the reminiscences describe the situation in the 1890s, it is possible that this is how the Institute girls in the photographs looked.

Фото № 33. Сад
Фото № 34. Горы
Фото № 35. Каток

Следующая серия фотографий посвящена прогулкам смолянок в саду института, расположенном между зданием и Невой; показаны и такие развлечения смолянок, как катанье с гор и катанье на коньках.

Прогулки были обязательным элементом воспитания, начиная с самого основания института. Устав 1764 г. гласил: «весьма нужно, чтобы девицы, прогуливаясь в садах, питались свежим и здоровым воздухом, особливо когда время к тому удобно; ибо ни что столько не пользует их здравие; … а в худое время в особливых к тому устроенных местах».[47]

Прогулки могли устраиваться в разное время: между завтраком и началом уроков, после обеда и даже после ужина — в хорошую погоду. Изображенные здесь зимние прогулки требовали особой одежды, цвета которой мы можем себе представить так: «Если погода была холодная, мы одевали неуклюжие зеленые салопы, с широкими рукавами на резинке и серые башлыки на красной подкладке. В парадных случаях башлыки надевались красной стороной».[48] Смолянки на фотографиях действительно изображены в салопах и башлыках, а поскольку воспоминания описывают ситуацию 1890-х гг, то возможно так институтки на фотографиях и выглядели.

Photo No. 33: Garden

Фото № 33. Сад

Photo No. 34: Hills

Фото № 34. Горы

No. 35: Skating Rink

Фото № 35. Каток

Photo No. 36: The Council Office

This is a photo whose name speaks for itself. It is possible that it would not need specific commentary if not for its being of interest from the point of view of the overall semantics of the album. It is a transitional photo—it sets the stage for the last series of photographs, devoted to the service staff. The placement of those in the photo could hardly be accidental: from the left, from the direction of the preceding pages of pictures of aristocratic life, are gathered all the "uniformed" authorities of the Council office; and from the right, from the direction of the still unseen photos of servants, are the administrative small fry. I do not know to what degree the composition of the photo was consciously chosen, but the very location of the photograph in the overall structure of the album is not accidental: it separates the social heights from the social depths.

We have the opportunity to glance at the biography of one of the inconspicuous office workers. One of the three women sitting on the right is the scribe of the Council office, Antonina Ivanovna Serdiukova. We have her personal record, of which a few pages contain the small tragedy of an ordinary biography. A hereditary noblewoman, she graduated from the Alexandrovsky Institute and was hired in 1898. In 1907, two years after the photo was taken, she transferred to a position as head of the Alexandrovsky Institute library, and by that time she had already gotten married. Her husband was a draftsman at a factory. This was a perfectly

Фото № 36. Канцелярия Совета

Перед нами снимок, чье название говорит само за себя. Возможно, он и не нуждался бы в особенных комментариях, если бы не тот интерес, который он представляет с точки зрения общей семантики альбома. Перед нами снимок переходный — он предваряет последнюю серию фотографий, посвященных обслуживающему персоналу. И распределение персонажей на снимке вряд ли случайно. Слева, со стороны уже пролистанных страниц с картинками аристократической жизни собрана все «мундирное» начальство канцелярии, а справа, со стороны еще не открытых читателем снимков с прислугой — мелкая канцелярская рыбешка. Я не знаю, насколько такая композиция снимка была сознательна выбрана, но само расположение фотографии в общем строе альбома неслучайно: она отделяет социальные верхи от социального низа.

У нас есть возможность взглянуть на биографию одного из незаметных канцелярских сотрудников. Одна из трех сидящих справа женщин — писец канцелярии Совета Антонина Ивановна Сердюкова. У нас есть ее личное дело, на нескольких листах которого — маленькая трагедия обычной биографии. Она потомственная дворянка, закончила Александровский институт, принята на службу в 1898 г. Через два года после снимка, в 1907 г., она переходит на должность заведующего библиотекой Александровского института, и к этому времени она уже

Photo No. 36: The Council Office

Фото № 36. Канцелярия Совета

fitting position for a member of the intelligentsia, but the marriage of a hereditary noblewoman and a factory draftsman who was not a nobleman was felt to be a misalliance typical of the new age of modernization. In 1912, her husband died and, in 1913, she went abroad for the only time in her life. She had no children. But fate was unkind to this woman. Having worked for a significant part of her life, she did not earn a pension until 1918, by which time civil war was raging in Russia. Whether the widow ever received a pension or survived this time of trouble, we do not know. But after reading such a case, an unpleasant aftertaste remains; this was a small, sad life with an unfairly cruel list of losses at its end. And who knows which is the clearer symbol of the age of wars and revolutions: the Smolny seized by the Bolsheviks, or the ruined old age of an unfortunate office worker?[49]

вышла замуж. Ее муж — чертежник на заводе. Это вполне интеллигентная должность, но в браке потомственной дворянки и заводского чертежника, не дворянина, чувствуется типичный для эпохи модернизации мезальянс. В 1912 г. ее муж умирает, и единственный раз за свою жизнь она отправляется за границу в 1913 г. Детей у нее не было. Но судьба была к этой женщине неблагосклонна. Служа значительную часть своей жизни, она выслужила себе пенсию только к 1918 г., когда в России уже полным ходом шла гражданская война. Получила ли вдова пенсию, выжила ли она в лихолетье — этого мы не знаем, но после чтения подобного дела остается неприятный осадок — мелкая грустная жизнь с несправедливо жестоким списком потерь под конец биографии. И неизвестно, что является более зримым символом эпохи войн и революций — захваченный большевиками Смольный или испорченная старость несчастной канцеляристки.[49]

Photo No. 37: The Tailoring Room
Photo No. 38: The Linen Room

These photographs, along with photo No. 39, show Smolny Institute servants in their designated clothing, doing their assigned work: sewing, mending linen, and cooking.

The situation of servants at the Smolny Institute was ambiguous from the point of view of the difference

Фото № 37. Портновский класс
Фото № 38. Бельевая

На этих двух фотографиях вместе с фотографией № 39 изображена прислуга Смольного института в соответствующих платьях и за соответствующей работой: за шитьем, починкой белья и готовкой.

Положение прислуги в Смольном институте было неоднозначным с точки зрения разницы между

Photo No. 37: The Tailoring Room

Фото № 37. Портновский класс

between their social situation and their actual role. The authors of memoirs seldom mention most staff workers; however, there are quite a few references to those who work in the household or in service to the pupils, such as maids, seamstresses, cooks, stokers, teachers' helpers (for example, in the physics lesson, the person standing at attention in the upper right corner). During the academic year 1904–1905, the year the album was created, there were 191 servants for 442 pupils. These people played a serious but inconspicuous, or, more accurately, imperceptible role. As early as the Charter of 1764, the administration and the teachers had to do everything they could to prevent any contact between servants and Institute girls. Of course, it was impossible to do this. Sofiia Markova's diary mentions instances of quite close contact between Institute girls and servants, but these dealings were full of mutual contempt: the author of the diary writes a maid a love letter and mocks her in her diary; in another instance a maid very rudely refuses to carry out an unpleasant order from an Institute girl: "'I humbly thank you,' added Aksinia, bowing. 'You're telling me to go bang my head against a wall, and I hear you, but I haven't gone crazy yet.'"[50] But in the pages of the reminiscences, servants appear only in a tangential way or in extreme cases, such as the suicide of a maid, or when a maid deliberately frightened some Institute girls (which also does not suggest that there was a good relationship between the Smolny students and the servants).

социальным положением и ее реальной ролью. Авторы мемуаров почти не вспоминают о прислуге, а между тем служанок, швей, поварих, истопников, помощников учителей (помните, например, на уроке физики стоял в правом верхнем углу навытяжку человек?) насчитывалось не так уж и мало. В 1904–1905 учебном году — году создания альбома — на 442 воспитанницы приходилось 191 человек прислуги. Эти люди играли серьезную, но незаметную, вернее даже, не замечаемую роль. Еще по уставу 1764 г. начальникам и учителям надлежало делать все, чтобы пресечь общение между прислугой и институтками. Однако сделать это, разумеется, было невозможно. В дневнике С. Марковой сохранились свидетельства довольно тесного общения институток и прислуги, но это общение полно взаимного неуважения: автор дневника пишет служанке любовное письмо и откровенно потешается над ней в своем дневнике; в другом эпизоде служанка весьма грубо отказывается выполнить неприятное распоряжение институтки: «Покорно благодарю, — прибавила Аксинья кланяясь, — вы меня посылаете удариться об угол, а я вас и слушай, ведь я еще не одурела».[50] Но на страницах воспоминаний прислуга появляется только по касательной или в экстремальных ситуациях — вроде самоубийства служанки или случаев, когда служанка целенаправленно пугала институток (что тоже не свидетельствует о хорошем отношении между смолянками и прислугой).

Photo No. 38: The Linen Room

Фото № 38. Бельевая

This strategy of not mentioning servants becomes even more interesting when we consider that in this "convent," where the girls lived in isolation from the outside world, where even relatives were admitted for only four hours a week, in 1903, more than 90 male servants lived full-time in the hermetic space of a female institute. They were not considered worthy of attention, however, and were not even considered a source of danger.

From the point of view of the semantics of the album, this collection of photos was meant to demonstrate more than anything a certain liberal tendency: in no other album of female institutes known to us are servants shown in such numbers. Given the obscurity, the invisibility of the servants in the pages of memoirs, this point of view seems justified.

Photo No. 39: The Kitchen

Popular literature or even authoritative researchers often claim that the Smolny girls were taught to cook. In the work of the famous St. Petersburg ethnographer Elena I. Zherikhina dedicated to the history of the Smolny Institute, this photograph was published under the heading: "Smolny Institute educational kitchen"[51] or "Kitchen duty at the educational society."[52] So were the Smolny girls taught to cook or not, and who is depicted in this photograph?

Photo No. 39: The Kitchen　　　　Фото № 39. Кухня

Regardless of the answer to the first question, the answer to the second question is fairly obvious: the photograph shows service personnel. Even if the Smolny girls did in fact cook, they would never have donned checkered maids' dresses; that was out of the question. Furthermore, in the 1850s and 1860s, living together with maids and changing into their dresses constituted a very serious punishment for the Institute girls. It is unlikely that the twentieth century could have democratized the Smolny to such a degree by 1905 that students dressed like servants.

As for the actual curriculum, practically none of the memoirs currently known to us says anything about the Smolny girls being taught to cook. The only text we currently know of was written by Elizaveta N. Vodovozova, who was a student in the mid-nineteenth century in the *petit bourgeois* half of the Smolny Institute.[53] As we said earlier, these were maidens of less distinguished birth, and their curriculum was somewhat different.

The official history of the Smolny Institute states that in 1850 the Emperor Nicholas I thought that it was important for a girl from a modest family to know how to cook. And in the opinion of the official and most authoritative historian of the Smolny Institute, N. Cherepnin, in 1859 Smolny girls learned to cook under the supervision of the cook and learned to take down recipes and "manage accounts." However, the author provides no information as to how long this practice continued, and whether or not it was preserved after the reforms of Ushinsky. Everything we know suggests that it was not. In the first place, the ability to carve and gut a chicken or clean a fish was not part of the canon of a noble female education, and noblewomen did not know how to cook (this is evident, for example, in the reminiscences of those noblewomen who followed their husbands to penal servitude in Siberia). It is unlikely that they would have succeeded in reversing this way of doing things. Secondly, the conception of an institute education for a noblewoman advanced by Maria Fyodorovna envisaged that the girls would be able to supervise a kitchen and manage the running of a household; but cooking, if only by observation, was to be taught only to girls from the *petit bourgeois* half. Moreover, no archival documents have been discovered as yet that shed any light on how this was done. According to the data we have, in the early twentieth century, the process might have been as follows: after the second year, girls were not sent home for vacations, and the summer before their graduation was devoted to review and housekeeping. That is why it doesn't show up in the class grid. We do not know if these classes actually took place. The only document that I found in the archive was a draft page from a financial account stating that the pupils had had lectures on the handling of meat and dairy.

Evidence of what those might actually have been like is contained in notes published in 1995; their source is not clearly determined, but they are recognized by authorities in the field as the notes of a Smolny student on cooking classes at the Institute. In effect, they are lecture notes: "Fresh meat on the second day after slaughter is the color of ripe raspberries. It should not be wet to the touch; if placed on a table, it should not sit in a pool of blood and should not ooze liquid. It should be springy if you press it with your finger, and the dent should immediately fill back. . . . The signs of thawed meat are the opposite of those of fresh meat. . . ."[54]

Almost everything cited above gives us certain general ideas about the process of instruction; the Smolny Institute at the beginning of the twentieth century was not a culinary school. Smolny girls probably were not taught to cook in our current sense of the word. They had some kind of theoretical instruction, and possibly some minimal practice, but not more than that.

In my view, the arguments put forth to support the widespread view that Smolny girls were always taught to cook are few. It is completely incomprehensible that none of the memoirs mentions it. The only argument, albeit a very important one, that supports this unproven view is the undeniable fact that the author of the most popular cookbook of the nineteenth century written in Russian was a graduate of the Smolny, Elena I. Molokhovets. But she wasn't taught to cook there: she graduated before 1850.

Свидетельством того, чем это могло быть конкретно, являются опубликованные еще в 1995 г., плохо атрибутированные, но признанные специалистами записи смолянки о кулинарных уроках в институте — фактически это записи лекций: «Парное мясо на второй день убоя цвета спелой малины. Оно не должно увлажнять руки, если до него дотронуться; если его положить на стол, не должно давать вокруг себя кровавого озерца и не должно давать истечения сока. Оно должно быть упруго, если нажать пальцем, ямка сейчас же заполнится… Оттаявшее мясо — признаки противоположные парному мясу…».[54]

Почти все сказанное выше дает нам некоторые общие представления о процессе обучения — Смольный институт не был в начале двадцатого века кулинарной школой. Смолянок, скорее всего, не учили готовить в нашем, современном смысле этого слова. Они проходили некий теоретический курс с возможной минимальной практикой, но не более того.

На мой взгляд, аргументов в пользу распространенного мнения о том, что смолянок всегда учили готовить, немного. И совершенно непонятно, почему об этом нет никаких воспоминаний. Единственным, но очень важным аргументом, поддерживающим это малодоказанное мнение, является тот неоспоримый факт, что автором самой популярной в девятнадцатом веке кулинарной книги на русском языке была выпускница Смольного Е. Молоховец. Но ее-то как раз и не учили готовить специально — она выпустилась до 1850 г.

Photo No. 40: The Bath

The availability of a bath was one of the conditions of existence for the Smolny Institute, stated in the Charter of 1764: there was to be a bath, and it was to be used, under the management of a doctor if weak health required it.

Although it was not acceptable to speak of such unsuitable subjects (and the fact that the bath was showcased is yet another important element of the modernizing semantics of the album), the Smolny girls themselves were not always happy about their bath:

> When examining in detail the household side of the Society, you can't skip over the bath, one of the most negative aspects of the institution. The bath was located in the basement. A stairway of about fifteen steps led down to it because the basement was very deep. It consisted of two very small rooms, scarcely able to accommodate 30 people at a time.... Against all the rules of hygiene, the pupils were rarely taken to the bath. They were required to visit it before Christmas and prior to fasting at the Great Lent. During that time, two stoves heated it almost continuously. The pupils were taken there by sections, while class ladies could bathe alone for one hour each.... The bath was such a lowly detail that high-ranking people couldn't take any interest in it, and it suited very poorly an institution that, although rarely, produced ladies-in-waiting for the highest court, as well as even more highly placed personages.[55]

Фото № 40. Баня

Наличие бани было одним из условий существования Смольного института. Оно зафиксировано в уставе 1764 г.: предписывалось иметь баню и пользоваться ею, в случае слабого здоровья — под контролем врача.

Хотя о таких низменных предметах говорить было не принято (и факт демонстрации бани — еще один важный аспект модернизационной семантики альбома), сами смолянки не всегда были довольны своей баней:

> Вдаваясь в подробности хозяйственной части общества, нельзя обойти молчанием баню, составлявшую одну из отрицательнейших сторон заведения. Баня помещалась в подвале. В нее вела лестница ступеней в пятнадцать, потому что подвал был очень глубок. Она состояла из двух, очень небольших комнат, едва вмещавших за раз 30 человек… Воспитанниц, против всяких правил гигиены, водили в баню редко. Обязательным считалось побывать в ней перед Рождеством и в Великом Посту перед говеньем. В это время ее топили почти непрерывно две печки. Воспитанниц водили по отделениям, а классным дамам предлагалась на один час всякой получать ее в свое распоряжение… Баня — столь низкая подробность, что люди высокопоставленные не могли интересоваться ею, и она очень мало соответствовала заведению, из которого, хоть и не часто, выходили фрейлины высочайшего двора и еще более высокие особы.[55]

Smolny Institute historian Elena Zherikhina notes that in the nineteenth century, "pupils visited the bath once every two weeks, and, in addition, washed their feet once a week in the evening before going to bed. Bathing was allowed in the morning before breakfast, from 10 to 11 o'clock, and not less than three hours later, after lunch."[56] In any case, it should be noted that these memories are from the 1860s. By the beginning of the twentieth century, the Institute had changed considerably. According to the official history of the Smolny Institute, in 1898 "a new model bath was installed."[57] This is what we see in the photo. The attitude toward hygiene had also changed—at least, the high-ranking guests of the Institute were now interested in baths.[58] Most likely, the frequency of visits to the bath by pupils had also changed for the better.

Историк Смольного института Е. И. Жерихина уточняет, что в девятнадцатом веке «[в] баню воспитанницы ходили раз в две недели, и, кроме того, раз в неделю обмывали ноги вечером перед сном. Мытье в бане допускалось утром до завтрака, в 10–11 часов и не менее как три часа спустя после обеда».[56] В любом случае, следует иметь в виду, что приведенные выше воспоминания относились к 60-м гг. девятнадцатого века. К началу двадцатого века институт значительно изменился. Согласно официальной истории Смольного института, в 1898 г. была «устроена новая образцово поставленная баня».[57] Именно ее мы и видим на фотографии. Изменилось и отношение к гигиене — по крайней мере высокопоставленные посетители института уже интересовались банями.[58] Скорее всего, увеличилась и частота посещений бани воспитанницами.

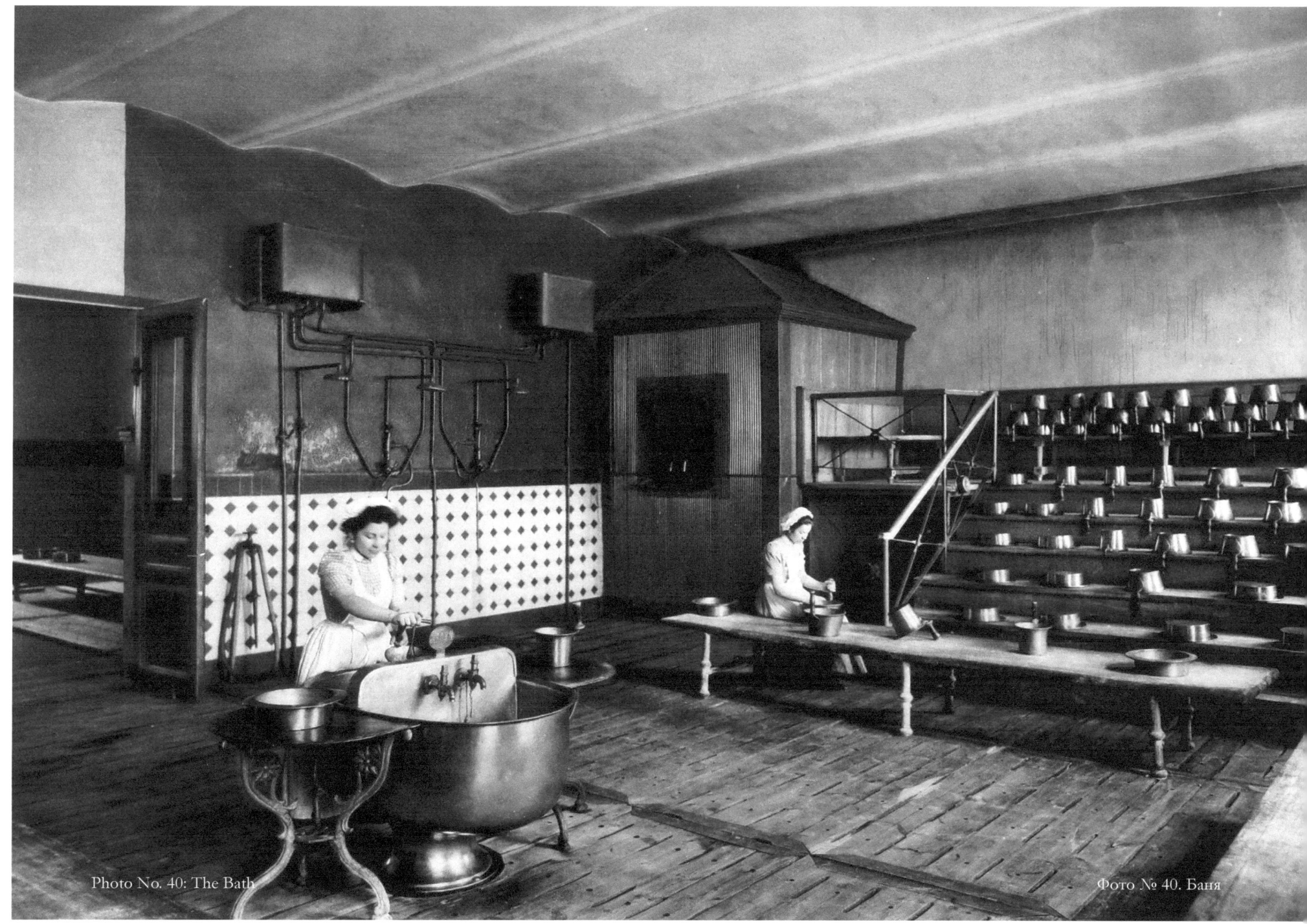

Photo No. 40: The Bath

Фото № 40. Баня

Notes

1. *Stolitsa i usad'ba* [Capital and Country Estate] 2, (January 15, 1914): 12.
2. CSHA of St. Petersburg, collection 2, finding guide 1, file 15164.
3. Cherepnin, *Imperatorskoe vospitatel'noe obshchestvo*, vol. 2, 460–461.
4. CSHA of St. Petersburg, collection 2, finding guide 1, file 16134, 41r.
5. CSHA of St. Petersburg, collection 2, finding guide 1, file 13983, 74r–74v.
6. CSHA of St. Petersburg, collection 2, finding guide 1, file 43, 46r.
7. CSHA of St. Petersburg, collection 2, finding guide 1, file 43, 46r–47r.
8. CSHA of St. Petersburg, collection 2, finding guide 1, file 43, 34r.
9. Oleg Volkov, *Dva stol'nykh grada* [Two capital cities] (Moscow: Entsiklopediia rossiskikh dereven', 1994), 357, 371.
10. Bykova, *Zapiski staroi smolianki*, vol. 1, 406, 320, 384.
11. Uglichaninova, *Vospominaniia vospitannitsy sorokovykh godov*, 76.
12. CSHA of St. Petersburg, collection 2, finding guide 3, file 43, 73r.
13. Manuscripts Department of the Russian National Library, Diary of S. A. Markova, 30r.
14. CSHA of St. Petersburg, collection 2, finding guide 1, file 15164, 23r, 25r.
15. I. Titov, "Biudzhet sluzhashchikh v muzhskikh gimnaziiakh i real'nykh uchilishchakh po dannym ankety Progressivnoi gruppy" [Budget of employees in male gymnasia and real schools based on data from Progressive Group questionnaires], *Russkaia shkola* [*Russian school*] 7/8 (1910): 185.
16. CSHA of St. Petersburg, collection 2, finding guide 1, file 15164, 42r.
17. CSHA of St. Petersburg, collection 2, finding guide 1, file 295, 22r–22v.
18. Ksenia Erdely, *Arfa v moei zhizni* [*Harp in my life*] (Moscow: Muzyka, 1968), 17.
19. Uglichaninova, *Vospominaniia vospitannitsy sorokovykh godov*, 84.
20. Ibid.
21. Elizaveta Kudriavtseva-Dreving, *Koz'e boloto. Vospominaniia Elizavety Alekseevny Kudriavtsevoi-Dreving, vypusknitsy Smol'nogo instituta blagorodnykh devits* [Goat pond: Memoirs of Elizaveta Alexeevna Kudriavtseva-Dreving, a graduate of the Smolny Institute for Noble Maidens] (St. Petersburg: n.p., 2008), 38.
22. CSHA of St. Petersburg, collection 2, finding guide 1, file 461, 11r.
23. Cherepnin, *Imperatorskoe vospitatel'noe obshchestvo*, vol. 3, 296.
24. Ibid., 303.
25. CSHA of St. Petersburg, collection 2, finding guide 3, file 43, 78r–79r.
26. Ibid., 75r.
27. Sokolova, "Iz vospominanii smolyanki," 103-104.

28. CSHA of St. Petersburg, collection 2, finding guide 1, file 17603, 58r.
29. Sokolova, "Iz vospominanii smolyanki," 90.
30. CSHA of St. Petersburg, collection 2, finding guide 3, file 43, 26r.
31. *Polnoe sobranie zakonov*, vol. 16, no. 12154, Article 15, 752.
32. CSHA of St. Petersburg, collection 2, finding guide 1, file 16134, 96r.
33. CSHA of St. Petersburg, collection 2, finding guide 3, file 43, 33r.
34. Diary of S. A. Markova, 20r.
35. *Polnoe sobranie zakonov*, vol. 16, no. 12154, Article 16, 752.
36. Kudriavtseva-Dreving, *Koz'e boloto*, 35.
37. Uglichaninova, *Vospominaniia vospitannitsy sorokovykh godov*, 67.
38. CSHA of St. Petersburg, collection 2, finding guide 3, file 43, 32r.
39. Kudriavtseva-Dreving, *Koz'e boloto*, 34.
40. Ibid., 40.
41. CSHA of St. Petersburg, collection 2, finding guide 1, file 16134, various correspondence, 66r.
42. Cherepnin, *Imperatorskoe vospitatel'noe obshchestvo*, vol. 2, 364.
43. *Polnoe sobranie zakonov*, vol. 16, no. 12154, Article 33, 754.
44. Cherepnin, *Imperatorskoe vospitatel'noe obshchestvo*, vol. 2, 127.
45. CSHA of St. Petersburg, collection 2, finding guide 1, file 14923.
46. CSHA of St. Petersburg, collection 2, finding guide 3, file 43, 52r–53r.
47. *Polnoe sobranie zakonov*, vol. 16, no. 12154, Article 21, 753.
48. Kudriavtseva-Dreving, *Koz'e boloto*, 37.
49. CSHA of St. Petersburg, collection 2, finding guide 1, file 12355.
50. Diary of S. A. Markova, 25r.
51. Elena Igorevna Zherikhina, *Smol'nyi. Istoriia zdanii i uchrezhdenii* [Smolny: A history of the buildings and institutions] (St. Petersburg: Liki Rossii, 2002), second illustration insert.
52. Zherikhina, *Ostrov blagotvoritel'nosti*, 214.
53. Elizaveta N. Vodovozova, "Na zare zhizni" [At the dawn of life], in *Institutki: Vospominaniia vospitannits institutov blagorodnykh devits* [Boarding School Girls: Memoirs of pupils of Institutes of Noble Maidens] (Moscow: New Literary Observer, 2008), 304.
54. *Uroki domovodstva v Smol'nom institute: Uchebnye konspekty smolianki* [Lessons in domestic science at the Smolny Institute: Class notes of a Smolny girl] (Moscow: Shkola-Press, 1995), 23–24.
55. CSHA of St. Petersburg, collection 2, finding guide 3, file 43, 42r–43r.
56. Zherikhina, *Ostrov blagotvoritel'nosti*, 87.
57. Cherepnin, *Imperatorskoe vospitatel'noe obshchestvo*, vol. 2, 589.
58. Ibid., 532.

Примечания

1. *Столица и усадьба* 2 (15 января 1914 г.):12.
2. ЦГИА СПб. Ф. 2, оп. 1, д. 15164.
3. Черепнин, т. 2, 460–461.
4. ЦГИА СПб. Ф.2, оп. 1, д. 16134, л. 41.
5. ЦГИА СПб. Ф. 2, оп. 1, д. 13983, лл. 74–74 об.
6. ЦГИА СПб. Ф. 2, оп. 3, д. 43, л. 46.
7. ЦГИА СПб. Ф. 2, оп. 3, д. 43, лл. 46–47.
8. ЦГИА СПб. Ф. 2, оп. 3. д. 43, л. 34.
9. Олег Волков, *Два стольных града* (М.: Энциклопедия российских деревень, 1994), 357, 371.
10. Быкова, *Записки старой смолянки*, т. 1, 406, 320, 384.
11. Угличанинова, *Воспоминания воспитанницы сороковых годов*, 76.
12. ЦГИА СПб. Ф. 2, оп. 3, д. 43, л. 73.
13. Маркова, указ. соч., л. 30.
14. ЦГИА СПб. Ф. 2, оп. 1, д. 15164, лл. 23, 25.
15. И. Титов, «Бюджет служащих в мужских гимназиях и реальных училищах по данным анкеты Прогрессивной группы», *Русская школа* 7/8 (1910): 185.
16. ЦГИА СПб. Ф. 2, оп. 1, д. 15164, л. 42.
17. ЦГИА СПб. Ф. 2, оп. 1, д. 295, лл. 22–22 об.
18. Ксения Эрдели, *Арфа в моей жизни* (М.: Музыка, 1968), 17.
19. Угличанинова, указ. соч, 84.
20. Угличанинова, там же.
21. Елизавета Кудрявцева-Древинг, *Козье болото. Воспоминания Елизаветы Алексеевны Кудрявцевой-Древинг, выпускницы Смольного института благородных девиц.* СПб.: б.и., 2008), 38.
22. ЦГИА СПб. Ф. 2, оп. 1, д. 461, л. 11.
23. Черепнин, указ. соч., т. 3, 296.
24. Черепнин, указ. соч., т. 3, 303.
25. ЦГИА СПб. Ф. 2, оп. 3, д. 43, лл. 78–79.
26. ЦГИА СПб. Ф. 2, оп. 3, д. 43, л. 75.
27. Соколова, *Из воспоминаний смолянки*, 103–104.
28. ЦГИА СПб. ф 2, оп. 1, д. 17603, л. 58.
29. Соколова, указ. соч., 90.
30. ЦГИА СПб. Ф. 2, оп. 3, д. 43, л. 26.
31. ПСЗ, т. 16. № 12154, стр. 752, статья 15.
32. ЦГИА СПб. Ф. 2, оп. 1, д. 16134, л. 96.
33. ЦГИА СПб. Ф. 2, оп. 3, д. 43, л. 33.
34. Маркова, указ. соч., л. 20.
35. ПСЗ, т. 16. № 12154, стр. 752, статья 16.
36. Кудрявцева-Древинг, указ. соч., 35.
37. Угличанинова, указ. соч., 67.
38. ЦГИА СПб. Ф. 2, оп. 3, д. 43, л. 32.
39. Кудрявцева-Древинг, указ. соч., 34.
40. Кудрявцева-Древинг, указ. соч., 40.
41. ЦГИА СПб. ф. 2, оп. 1, д. 16134, разная переписка. Л. 66.
42. Черепнин, указ. соч., т. 2, 364.
43. ПСЗ, т. 16, № 12154, стр. 754, статья 33.
44. Черепнин, указ. соч., т. 2, 127.
45. ЦГИА СПб. Ф. 2, оп. 1, д. 14923.
46. ЦГИА СПб. Ф. 2, оп. 3, д. 43, лл. 52–53.
47. ПСЗ, т. 16, № 12154, стр. 753, статья 21.
48. Кудрявцева-Древинг, указ. соч., 37.

49 ЦГИА СПб. Ф 2, оп. 1, д. 12355.
50 Маркова, указ. соч., л. 25.
51 Елена Жерихина, *Смольный. История зданий и учреждений* (Спб.: Лики России, 2002), вторая врезка иллюстраций.
52 Жерихина, *Остров благотворительности*, 214.
53 Елизавета Водовозова, «На заре жизни», в *Институтки: Воспоминания воспитанниц институтов благородных девиц* (М.: НЛО, 2008), 304.
54 *Уроки домоводства в Смольном институте: Учебные конспекты смолянки* (М.: Школа-пресс, 1995), 23–24.
55 ЦГИА СПб. Ф. 2, оп. 3, д. 43, лл. 42–43.
56 Жерихина, *Остров благотворительности*, 87.
57 Черепнин, указ. соч., т. 2, 589.
58 Черепнин. Указ. соч. Т. 2, стр. 532.

www.ingramcontent.com/pod-product-compliance
Lightning Source LLC
Chambersburg PA
CBHW041422300426

44114CB00005B/89